ammann

W0188438

Helen Leuninger

Reden ist Schweigen, Silber ist Gold

Gesammelte Versprecher

Ammann Verlag

Die Illustrationen steuerten
Claudia Meindl und Sabine Schall bei.

4. Auflage
© 1993 by Ammann Verlag & Co., Zürich
Alle Rechte vorbehalten
Satz: Jung Satzcentrum GmbH, Lahnau
Druck: Offizin Andersen Nexö, Leipzig
ISBN 3-250-10209-1

Vorwort

Es ist nahezu unmöglich, mich bei allen zu bedanken, die zu diesem Buch beigetragen haben. Einige davon möchte ich jedoch gesondert erwähnen: Auch wenn Sie, verehrte Leserinnen und Leser, es nicht glauben mögen, das Manuskript zum Nachwort ist von ziemlich vielen Personen gelesen und kritisch gewürdigt worden: von Sabine Gabler, Susanne Glück, Jörg Keller, Monika Klein, Claudia Meindl, Roland Pfau, Sabine Schall (Universität Frankfurt) und von Franz-Josef Stachowiak (Rheinische Landesklinik, Bonn). Ihre Kommentare waren sehr hilfreich und haben sicherlich dazu beigetragen, daß meine Überlegungen zum Phänomen der Versprecher einigermaßen verständlich sind; erste und letzte Tips kamen von Herrn Rohrbach, Horst-Dieter Schlosser und Dietrich Weise. Herr Ammann hat mich ermutigt, dieses Buch zu schreiben. Allen ein großes Dankeschön, auch Anette Hohenberger, die mir die Versprecher ihrer kleinen Tochter Saskia zukommen ließ. Sollten trotzdem Unebenheiten übriggeblieben sein, gehen sie allein auf mein Konto. Über Verbesserungsvorschläge von Ihnen, liebe Leser, würde ich mich sehr freuen. Auch ein Lob, ab und an, nähme ich aber dankbar entgegen.

Bei Gretchen und Caroline erflehe ich Abbitte, am besten vielleicht mit einem Knochen und einem Krabbengericht. Beide mußten nämlich unzählige Tage und Nächte die von Computer und Drucker ausgehenden Geräusche ertragen. Nur ein Lebewesen wie Caroline hat beim Papierfangen etwa die Geschwindigkeit und Dynamik, die wir Menschen beim Sprechen haben. Daß dabei mal ein Ungeschick vorkommt, ist allzu natürlich, und so sind alle Versprecher, die Sie in diesem Buch finden, keine bewußt konstruierten, sondern gesammelte alltägliche sprachliche Entgleisungen, die unbewußt und ungewollt passieren. Sie sind unabhängig vom Bildungsgrad der Sprecher, und es gibt auch – entgegen vielen Vorurteilen – keine Sprechertypen, sondern nur Versprechertypen. Keiner ist vor einem sprachlichen Fehltritt gefeit.

Eine Auswahl aus meiner Versprechersammlung präsentiert das vorliegende Buch, das hoffentlich für jeden etwas enthält. Etwas zum Schmunzeln soll Ihnen die Versprechersammlung bieten. Einige Versprecher sind illustriert, und zwar von Claudia Meindl und Sabine Schall.

Wenn Sie wissen wollen, was dem Sprecher bei seiner sprachlichen Fehlplanung widerfahren ist, können Sie die Kleine Theorie des Versprechers (vgl. S. 75 ff.) lesen, die Ihnen helfen kann – als angehenden Psycholinguisten –, die Versprecher zu analysieren. Einige Versprecher in der Sammlung sind nämlich mit einem * versehen. Die so mar-

8

kierten Versprecher werden im dritten Teil des Buches (vgl. S. 139 ff.) nach den im Nachwort eingeführten Kriterien charakterisiert. Sie können also Ihr neu erworbenes Wissen überprüfen, indem Sie es »auf eigene Faust« anzuwenden versuchen. Sollten Sie mit meinen Vorschlägen nicht einverstanden sein, so schreiben Sie mir dies. Dieser dritte Teil enthält natürlich auch die zu den jeweiligen Versprechern *gemeinten* Äußerungen. Manchmal ist es leicht herauszufinden, was der Sprecher uns mitteilen wollte, manchmal aber werden Sie sicher auch erstaunt sein.

Wie Sie sehen werden, sind die Beispiele in der Sammlung ganz anders sortiert, als es sich Linguisten wünschen. Denn bei aller Präzision und Ernsthaftigkeit der linguistischen Analyse sollte man nicht vergessen, in welche zauberhaften Welten man reisen kann, wenn man unsere alltäglichen sprachlichen Fehltritte betrachtet. Reisen Sie also mit, und lernen Sie Welten kennen, die einmal ganz anders beschrieben sind, mit *etwas, was heute gar nicht mehr in unserm Sprachgeschatz, äh, Sprachgebrauch* vorhanden ist. – Viel Verspaß beim Lesen.

Frankfurt/Main, August 1993   *Helen Leuninger*

Gesammelte Versprecher
oder
Das war mal wieder ein schöner Verbrecher

Meine Mutter liebt das heime Traut
oder
Szenen einer Ehe

Dir hängt viel an ihm.

Sie hat ihm Honig in die Augen geschmiert.

Die reizt nicht mit ihren Geizen.

Kußverletzungen am Schopf.

Du bist mein Ein und O.

Schautzi

Ihr kann man nicht übel sein.

Die nehmen wir mit Hußkand, Handkuß.*

Zu einst anstatt allein

Schwierige Mutter

Er hat sich mit seinen Mätressen zerworfen.

Ich würde Hab und Hof verspielen.

Mit Kümmelbrot und Peitsche

Maskulin und singulin*

Wenn wir pfleglich miteinander untergehen.

Miefig und puffig

Sie hat ihren Mann zum Brötchen schicken
geholt.

Und jetzt habt ihr die Tollen gerauscht.

Warum die Leute Woche für Wolle Dallas
sehen wollen.

Ein Kind abonnieren*

Da muß man sich ein paar Kinder anlegen.

Sei unberuhigt.

Daß dich deine Mutter dann bedammert,
äh, bejauert.*

Das ist so blöd, daß es einem die Schamröte
in die Augen treibt.

Dafür werd' ich mir nicht die Ohren
um die Nacht schlagen.

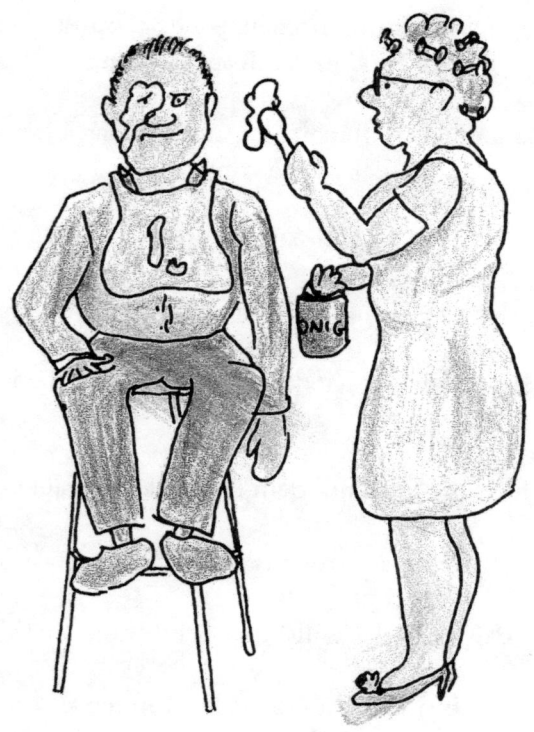

Sie hat ihm Honig in die Augen geschmiert.

Wenn wir gar nix machen, sondern immer nur
den Sand in den Kopf stecken.

Manchmal weiß man nicht, was in den Eltern
der Köpfe vorgeht.

Das Knicht auszulipsen

Verhängnis–Emp ... – Empfängnisverhütung

Besonders für Kinder mit kleinen Familien
geeignet.

Ich wollte doch nur dein Doppelkind kraulen.

Matronenschatzer*

Paß auf, oder willst du mich erstolchen?

Er ist mir auf die Pelle getreten.

Die konnt' ich schlecht rauswimmeln.

Der ging entzürnt weg.

Sei nicht so moffig.

Jemandem ein Schnippchen spielen

Es kommt mir nicht unter die Lippen.

Ich will noch mal resignieren.

Da kannst du gucken, da kannst du
neid werden vor Blaß.

Der bleste Platz ist immer noch an der Theke.*

Die schreien dann Morder und Zetio.

Notfalls kann ich bei einem Freund umkommen.

Der war ja ekelhart.

Traumalische Gattin

Die sitzen schon auf heißen Koffern.

Dem Peter muß man rigoros den Mund
abschneiden.

Wie wir miteinander untergehen.

Was trinken wir bloß zum Champagner?
oder
Leibliches Wohl

Das muß man sich auf dem Mund
zergehen lassen.

Du bekommst alles auf einen Teller gelaufen.

Reinen Tisch einschenken

Ein Gewürz, das du gar nicht geschmerkt hast.

Wenn er nicht vom Besen gefressen
worden wäre.

Himbelbeer'

Du machst mir immer den Mund
so schmackhaft.

Edelstahlkopftopf

Atlete-Kost fürs Kind

Hans Dampf in allen Tassen

18

Gebackener Camelbert

Wie 'n normaler PellKW – PKW.

Es ist mir egal, welche Wurst dir
über die
Leber gelaufen ist.

Metz die Wesser.

Schmeinfecker

Pischelmuzza*

Auflauftraining

Ich liebe Salz mit viel Suppe.

In der Fische stinkt's nach Küch'.

Eine Tüte Petchup, bitte. – Eine Tüte Ketchup,
bitte. – Eine Tüte Pommes mit Ketchup, bitte.

Ein Stück Yogawurst

Muskat braucht man auch, sagt Moscuse.

Schnittersilie

Ich hab' Waldmeister Wackelspeise gemacht.

Schnill und Dittlauch

Moccolade

256 Pralinen sollen in 8 Schachteln
abgespeckt werden.

Eine Prachtel Schalinen

Kartoffeln solln auch nicht so viel
Alkohol haben.

Feldbergsalat

Ich habe auch zwei Kräpfel gekauft.

Suppe zum Hauptgericht, ein Obstteller
zum Nachgericht.*

Auf frühen Magen kann ich das nicht vertragen.

Flackheisch

Schwarzer Federkuchen

Da hab' ich mich für so ein Süppchen
entschossen.

Gib mir noch einen Schluck von deiner
Zigarette.

Ich bin richtig seetüchtig geworden.

Eigentlich sieht der Tee gar nicht so schnief aus.

Ein Fasten Bier

Bierisch ernst

Unüberbierbar

Da könnt' ich mich pausenlang besaufen.

Männer können immer noch trinken, wenn sie
was gefahren haben.

Da kriegt man keinen blauen Kopf von.

Modka

Die geht noch einmal um die Runde.

Hast du noch was zu qualmen,
aber ohne Filmer?

Asbach Urlach

Nikotinfreier Kaffee

Taukabak

Mein Rauch hat gekopft.*

'nen kleinen Stinkspruch*

Eine Cole Dosa, äh, Dosa Cole, ich meine
Dose Cola.

Hessenbreit

Schoppehauer

Wenn Sie zu diesem Wein
Handkäs' mit Rippchen essen, schenke ich Ihnen
den nicht aus.

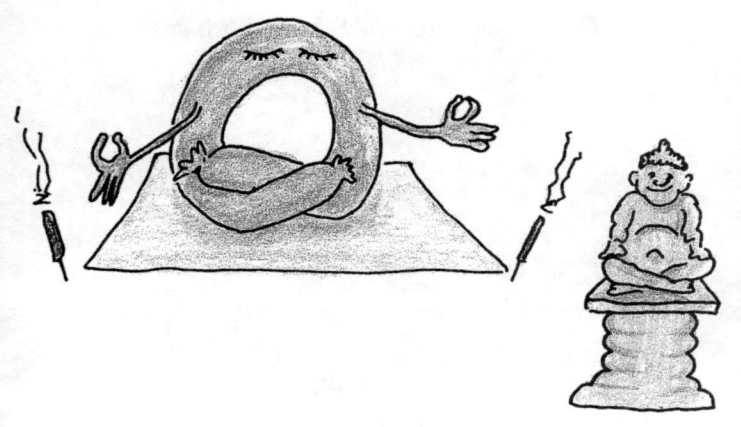

Die Yogawurst

Da muß man eben die Schönheitsfehler durch
andere Mängel kompensieren
oder
Perfektes Styling

Einen schönen Menschen entstellt alles.

Flitzig

Kopfschicken

Schnickkrams

Ich komm' gleich, ich muß nur noch mein Auto
aus'm Mantel holen.

Es gibt doch auch so Sommer-Jakkos.

Nersenfriez

Du könntest mal deine Jacke umdrehen,
inklusive Mäntel, äh, Ärmel.

Da haben mir die Zie geknittert.

Geschnügelt und gebiegelt

24

Damit Sie nicht den Eindruck haben,
Sie werden untergebügelt.

Ich habe den Anzugsschluß verpaßt.

Schickericka

Die Neiderin schnäht, äh, die Schneiderin näht
ein Kleid.

Das ist das Gelbe in Grün.

Da kann ich den schönsten Hund
auf dem Kopf haben.

Dupple, hihi, Doubleface*

Hab' ich dir mal Pulli – Pudding gekocht?

Damit es mich nicht mehr an den
Öhrchen fröhrt.

Da platzt mir der Hut.

Ich fühle mich wie abgestopft.

Es bricht aus allen Nähten.

Oder ich zieh' den Ko – Pullover an.

Schlawatte

Schlafpelz

Ein Tauchschlank

Ich bin fast aus allen Socken gefallen.

Die überschlappen sich.

Mein Kralli putzt.*

Ich hätte gerne einen herrenlosen Ärmelpullover.

Das kriegt man ja nicht auf einen Hut.

Schön lässig, leger, aber ich kann's auch mal
zum Ausziehen anziehen.

Ich ziehe mich zum Ankaufen schön an.

Reißverschnallen

Streifennadelanzug

In den Anfangsschuhen steckenbleiben

Hosenlatzfrauen

Sie hat halbrote lange Haare.

Das find' ich auch schön, braune Augen
und blaue Haare.

Den finde ich übrigens sehr schnick,
den Haarschnitt.

Mein Waldfriesen ... äh, Wald-Wiesen-Friseur

Mir standen die Berge zu Haare.

Das Problem mit der Wimperntusche ist ja nicht,
daß sie wasserdicht sein muß.

Meine Augen cremen so.*

Das wird mir ewig in Vergessenheit bleiben
oder
Ortstermine

Die einzige, die mal Bildungsanspruch
in Urlaub genommen hat.

In einem überzeitbaren Schauraum

Den Urlaub abzuroden

Ortsnestzahl

Scharloß Schlottenburg

Main-Taunus-Kraus

Die Gippel der Mittelgebirge

Diese Lücke zu erweitern

Auf der untersten Stuppe

Obendrunter

Wir nennen Orten und Zeite.

Kartoffeln solln auch nicht soviel Alkohol haben.

Nach Liebe der Bangkok wegen

Ins libanesische Libandsland

H. H. schildert die Spinnung, Spannung,
Stimmung in Mogadischu.

Idiotische Hauptstadt, Entschuldigung,
äthiopische Hauptstadt

Daß dieses Jahr etwas glücklicher wird
als das abgeflossene.

Das liegt schon eine Weile her.

Die Beispiele, die später hinten kommen.

Puste mal die Zeit aus.

Um zwölf Uhr beginnt unser Mittagessen.

Ich komm' dann Dienstag Mittwoch.

Du Nachtschattengewächs, du erblickst ja nicht
mal die Sonne, die heute nacht scheint.

Ich werd' ja nicht mit dem Wachwerden hell.

Ich werde doch nicht Ende September meinen
August vom April nachfeiern.

Er hat mir gesagt, Ende August ist er
im September.

Kaminkalender*

Gesterdem außen gewaschen

Ich habe an diesem Termin einen Geburtstag.*

Zehn Wochen die Stunde

Bast 'ne Woche

So halb zwölf, älter kann's noch nicht sein.*

Nachher ist es später, äh, später ist es schwierig.

Heute, am versoffenen Samstag

Das vergess' ich bis an mein Lebtag nicht.

Ein bleibendes Erinneris

Vergessen Sie, mich daran zu erinnern.

Im November ist höchste Eisenzeit.

Langarbeitszeitlose

Neigt der Mönsch zum Bösen
oder
Himmel und Hölle

Von Pontius zu Pilatius

Lots Frau erstarrte zur Salzsäure.

Es beginnt mit der Schöpfung und endet mit
dem jüngsten Gerücht. *

Der Sündenbau von Babel

Die sieben Tödsünden

Er hat sich mit Kirchengeschichte beschafft.

Man sollte doch die Tatsachen im Dorf lassen.

Mein Geist war willig, doch mein Fleisch
war flach.

Sie war einundzwanzig, als ich gestorben bin.

Ins Grab beißen.

An der Gedenkstäcke, äh, -stätte

Nun, liebe Lina, schlammere sunft.

Es konnte nicht bewiesen werden,
daß es Gott nicht gibt.

Mistörium

Weiblicher Nonnenorden

Umschwang des Papstes

Küsse füßen

Der Babst belegt ihn mit dem Bann.

Wenn man die Geschicklichkeit hat,
keine Gewissensgebisse zu bekommen.

Die in Fulda verwammelten Bischöfe

Allahs Wege sind geschlungen.

Ein schames Falschgefühl

Der Teufelsgreis der Verkreisung

Die Offenbacher Meteorologen haben angerufen
und uns mitgeteilt, wie es zur Zeit im Himmel –
am Himmel aussieht.

Maracuja ist ja ein Gemisch,
wo Passionsfrust drin ist.

Er wird um zehn Uhr auf dem
Hauptbahnhof beerdigt.

Pipst Paus

Fransziskaterpater

Dominikaterpater

Den Teufel mit dem Brezelbub austreiben.

Kaminkalender

Beim Gewitzer blittert's immer
oder
So sprach Petrus

Mich rührt der Donner.*

Entsternt

Übergang zu wolkigem bis trockigem –
trockenem Wetter.

Im Wolken nordig

Der Wind wehst.

Inlandtief

Hoffentlich schniegt Lee – liegt Schnee.

Sonst bleibt es weiter bis wolkig.

Und dann ging dieses Ungewitter los.

Je nachdem, wieviel Wind aufgewirbelt wird.

Höchsttemperaturen morgen zwischen
16 und 22 Uhr.

Höchsttemperatüren

Die Wettervorhersage für Hessenabend

Gelegentlich wird die Sonne schneien – schneien
ist gut.

Wenn die Wolke scheint.

In Mitteleuropa sind die Temperaturen niedlich.

Sie legen sich 'ne Sonne an den Strand.

Hochflußeindruck

Der zieht sich bislang gut aus der Atmosphäre.

Nur in der Nacht sollten Sie mit Rechnen nebeln.

Blicklicht

Diese Regelung wird die Verkehrsbehinderung
erleichtern
oder
Von Stau zu Stau

Wir bitten die Autofahrer, die Gegend
weiträumig umzufahren.

Ich fahr' mit dem Auto nach Neu-Isenburg
und dann mit der Straßenburg, äh,
Straßenbahn weiter.

Fahr nicht so raskant.

Verkehrsleitung in einreifiger Richtung

Abgereifene Fahren

Dem mußte ich doch auf die Spur gehen.

Da muß man doch die Kurbel hochscheibeln.

Am Auto ihres Steuers

Er saß am Nebentisch.

Ein kleiner stärkender Truck

Stoßstämpfer

Wie gerne würden Sie dieses
shellfreie Bleibenzin tanken?

Die gleiche Anzahl von Verkehrstoten
wie im Vorraum, äh, ich meine, im gleichen
Zeitraum des Vorjahres.

Bei einem Unfall auf dem Rhein-Main-
Schnellweg kam es zu einem Unfall.

Abschleckaktion*

Wer es vermeiden kann, die Autobahn nicht zu
benutzen, der sollte es tun.

Das Auto soll vorüberlegend still . . . ,
vorüberstehend stillge . . . , – vorübergehend
stillgelegt werden.

Wenn man den Verkehrsanfall betrachtet.

Vom drei . . . äh, dritten in den zwi . . .
äh, zweiten Gang schalten

Eine grelle Geschwindigkeitsbegrenzung

Stockenweise, umgekehrt – streckenweise
stockender Verkehr.

In Hessen gesichtsweise Behinderung durch
Nebel

Wo das Stopstild steht.

Aber da war die Schlange 2½ Stunden lang.

Auf der Autobahn Frankfurt-Köln schneit es
in beiden Fahrtrichtungen. *

Damit kann man keinen Ofen
hinterm Hund verlocken
oder
Von Läusen und anderen Tieren

Darauf hinauslausen lassen

Trostlaus

Abfahrtslaus

Du kannst mich auch hier lauslassen.

Frau Schlichte ist sprachlaus, äh – sprachlos.

Hochzuckdrohne

Da schweißt sich die, da beißt sich die Katze
in den Schwanz.

Schnurr- und Galzlaute

Grunzipiell

Jetzt lebt kein Junikäfer, um die Uhrzeit.

Früher standen meine Zähne wie
Krüt und Raupen.

Müse Mäuse

Warum rupfeln die Amseln Krokusse?

Sie setzt sich ins gemachte Netz.

Farbfernsehen bei Vögeln

Meerschweine sind Werkel.

Eine Vermehrung auf wundersame Meise

Schließlich kann ich nicht zwei Fliegen
auf einmal dienen.

Der hat schon wieder sein Schnäuzchen
auf der Nase.

Schweinschwangerschaft

Quangfoten

Dieses Plätzchen haben wir im Urwald entdeckt.

Die Tiere können sich im Urlaub gut anpassen.

Rindschwein

Den Teufel mit dem Brezelbub austreiben

Ich weiß ja selbst nicht, was für ein Pferd
mich da geritten hat.

Fischfußball

Man sollte nicht in fremden Fischen wässern.

Man muß die Leute bei der Schlange halten.

Musikbock

Gilt »eine Krähe wäscht die andere«
auch im Literaturbetrieb?

Es gib da so Affen, die sind hintertückisch.

Das sind ja die reinsten Heuschrecken,
diese Heustapel, äh, Gartenscheuche.*

Mitten in die Mampa
oder
Durch die Wälder, durch die Auen

Meine grün-schwarz gehoste Rose

Wir waren Pilze fangen.

Knoblauch – ein Gemüse für die Mütigen

Unser Stirbchen bäumt.

Die Sprei vom Weuzen trennen

Tränengras

Durchgrasen

Vierbrättelige Blume

Wenn gesplitzte Salatköpfe geklaut werden.

Erdquerpark

Ich weiß nicht, ob das überhaupt
Zuchthauspilze sind.*

Ich habe eine tomatenblaue . . .

Zuchthauszitronen

Hier scheint ein Beet zu sein.

Ich hab' in den sauren Apfel gewilligt.

Ich seh' schon, ich lande keinen Blumentopf.

Stiefblümchen

Glaimöckchen

Gegenüber vom Hawaiwald.

So weit bin ich schon vorgediehen.

Das Leben ist unabtastbar
oder
Halbgötter in Weiß

Gestern auf der Fußmesse bin ich einer
auf den Fuß gelatscht.

Es geht mir schon zum Halse raus.

Da hab' ich mir etwas eingehalst.

Mir ist schon ein paarmal der Arm abgeschlafen.

Schlarmdeinhaut

Lüftgelenke

Dann entfällt die venige Lästensucherei.*

Ich habe einen steißen Weh.

Maschendrautzahn

Wundminkel

Das Unterkinn

Das ist mein Bauch, ich kann's nicht essen.

Da hab' ich mir den Nacken ausrangieren lassen.

Dann kriegt er einen Herzinfall.

Kopfzerschmerzen

Ich hab' Kopfschmeh.

Vor Gesundheit sprotzen

Schwangerzaft ist 'ne Zumutung.

Der Mensch ist doch sehr hormonisch.

Tote sterben fest.

Medizinischer Indianermann

Fispuls

Die erschrecken frauere Schwangen.

Man darf sich eben nicht in die Ärzte
von Händen geben.

Bauchspeichelzündenentdrüsung,
Bauchspeichelzündenentdrüsung,
Bauchspeichelzündenentdrüsung

Kreislaufkallops

Sie hat Tiefdruck.

Pestpersonen

Artillerieverkalkung*

Angora pectoris

Lebensnotwichtig

Ich hab' richtig Rinder, äh – Ränder
unter den Augen.

Der Wink mit dem Faulzahn

Dünnfall

Wollen wir theoretische Übungen abführen?

Das hängt mit dem Kreislauf zu tun.

Daß er unter erhöhtem Kreislauf
gelitten hat . . .

Er hat sich auf Aesop beruht.

Trotz eines ärztlichen Bulletons

Der nach deutschen Maßstäben kein
Operationsseil sein dürfte.

Dann verliert das etwas weniger an Gewicht.

Die Schwestern haben sich die Hände gerauft.*

Trablette

Bittere Pitten

Bransfrantwein

Pillenklick

Alkohol- und Therabletten – Tablettentherapie

Lindernde Umschläge

Stützende Trage

Mit Blaulicht, aber ohne Rosine*

Die Sonne schneit.

Mit Flossen schnellt man schwimm
oder
Sport, Spiel, Spannung

Sein bestes Resultat beim Gland Slam

Nach drull, null-dreißig, jetzt Spielball

Ein hochklassisches Match

Und Monica Seles verlor gegen Martina
Navratilova den ersten Sechs 6:4.

Mit dem ersten Satz, pardon, mit dem ersten As
bringt David Wheaton sein Aufschlagspiel durch
und gleicht zum 1:1 im ersten Satz aus.

Wieder einmal landet der Ball im Bett.

Linkshändler

Morgen geht's weiter mit dem drittel Einzel –
dritten Einzel.

Steeb trifft nun auf den Schmeden
Mats Wilander.

Vorhand und Rückhand im Rechsel

Stefan Erger, Stefan Edberg ärgert mich.

Erich Becker, äh – Boris Becker und Eric Jehlen . . .

Vielleicht ist der Schräger ja schepp.

Boris Becker muß in die Mitte des Zentrums –
in die Mitte des Siegerfotos.

Er souveriert, serviert im Moment ganz stark.*

Magdalena Magdalewa

Im vergangenen Jahr ist Jennifer gegen
Steffi Gras, äh, Graf, gleich in der
ersten Runde ausgeschieden.

Sonst hat sie keine Chance gegen das hohe Teffi –
Tempo von Steffi Graf.

Das mit der Konternummer

Ermahnung von Ivan Lendl an einen Fotografen,
das Blitzlichtgericht, äh -gerät, nicht zu
benutzen.

Wir haben Carl Lewis besorgt, der ja letzte
Woche für Furore gesorgt hat.

Seine Bestzeit von 10,1 über 100 und
2,8 über 200 m.

Jahresweltbestzeit ist er gesprungen.

Ich kann nicht über meine Haut springen.*

Der 1986 so knapp an einer Modaille
vorbeischrabbte

Wenn du schon ein bißchen Durchlauf hast.

Disqualifizieren gilt immer nur für ein Spiel.

Das war nicht Spielickes Spiel.

Europa-Pocup

Eingefuchste Mannschaft

Je schneller das ers zu null fällt ...

Der Darmsteiger Aufstadt

So werden viele dem SV Meppen die Augen
drücken,
die Daumen drücken.

Da drücken wir Ihnen alles Gute.

Der erhält Geld, äh – Gelb, weil er X gefoult hat.

Der Strafstoß wird nicht gefoult.

Die spült jetzt in einem Düsseldorfer Verein.

Cerezo, ein außerordentlich zufälliger
Mittelfeldspieler

Von Freitner ein Breistoß

Das Stadion gleicht einem dänischen Hexenhaus.

Als Fallballspielsammlung find' ich
das Buch gut.

Blitzschönes Tor

Daß da ein Tor draus gefallen ist ...

Man könnte ihn auch als
Mittelfeldspieler aufsetzen.

Der ist aktiver Stürmer bei Bremer Werden –
Werder Bremen.

Da geht einem die Muffe mit Grundeis.

Er hat mich zum Skileiden eingelaufen.

Bittner ist fertnich.

Marina Kiehl mit einer hohen Stahlnummer

Beim Welt-Rodel-Welt-Cup, pardon,
beim Rennrodel-Welt-Cup . . .

Neuer deutscher Eishockeyweltmeister, äh,
Eishockeyweltmeister,
deutscher Eishockeymeister ist
im Achtelfinale rausgegangen.

Größere Anstrengungen zu untermeiden

Das ist total hetzig.

Tanzsportverclub

Damit habe ich mich über den Beinen gehalten.

Nach diesem Dimitri, Fehlwurf von Dimitri

Im deutschen Lockoblock

Steuer ohne Achtermann

Wir haben uns schweren Schrittes
dazu entschlossen.

Wanderschniefel stüren

Und dann hab' ich im Schwimmbad gearbeitet,
ich hab' 'nen DLRG-Schwein, und
den Pimpfen das Schwimmen beigebracht.

Nichtraucherbecken

Freischwimmbad

Ring- und Spreitturnier

Wenn man sich einmal verritten hat . . .

Er taucht in allen Arbeiten vor, äh, auf.

Die sitzt fett im Sattel.

Der Vorwurf ist bereits in Vorbereitung
oder
Aus dem politischen Alltag

Von Tusen und Blasen keine Ahnung

Also, wenn Sie unser Mißtrauen hier
verbrauchen, äh, unser Vertrauen hier
mißbrauchen . . .

Wir empfinden es als einen weiteren
Vertrauensmißbruch.

Kreml-Chof Gorbatschow

Wie der Kollege Lehmke sagte.

Donna Hanna, äh, Doktor Hanna
Renate Laurien.

Aus Washington Gerta Pelletier

Kann Präsident Bush das Ruder
noch mal herumreichen?

Weil die Minderwertsregierung nicht mehr über
genügend Stimmen verfügt.

Abschleckaktion

Sie wurde als Zwischenkandidatin aufgestellt.

Wir kommen jetzt zum letzten Unterordnung, äh,
Unterpunkt.

'ne Satzungsergänderung, äh, -änderung

Und jetzt gibt es die erste gelbe Karte
in dieser Partei.

Die deutsch-französische Erbschaft*

Ein Jahr am Englischen Königshos.

Das ist jetzt wirklich eine Zwicklage.

So einen wie den pfeif' ich doch in der Rauche –
rauch' ich doch in der Pfeife.

Filzpanne

Also, des is laut Strafgesetzbub, äh,
Strafprozeßordnung.

Ihr habt vielleicht 'ne Sammlung
von Verpresserbriefen.

In der Zwischenzeit hat die Polizei über Taxifunk
Kontakt zu dem Versprecher.

Der Überfall war munitiös vorbereitet.

Unruhestörer

Polizei und Verfassungsschuß hatten die Lage voll
unter Kontrolle.

Das Gesetz steht nicht in Übereinklang mit . . .

Gesetzesnutzen auslückt

Tot- und Mordschlag

Die beim Amtsgesicht sind . . .

Zum Urteil verscheitert

Belamtenbeleidigung

Jemanden übers Ohr legen

Nüll-Lösung – Null-Lösung

Marschauer Militärpakt

Militärischer Abschieds- – Abschirmdienst

In der Gegend von Beireut dauern
die Kampfhandlungen an.

Eine neue Runde des Westrüstens

Fingerschützengespür

Ihr mit eurer verwalteten Affentechnik.

Ich werd' jetzt noch zwei Stunden Waffen
backeln.

Kriselsituation

Kampfpanzer Leopold

Mehr als rein geht nicht
oder
Geld regiert die Welt

Die Herren des Geldes sitzen noch zu Potte.

Der erste fleischliche Weibergeselle

Das Haus eines idyllischen Bankiers

Da muß man aufpassen, die sind schweißig
am Kassieren.

Mit gleicher Münze zurückschlagen

Weil der bankurs ist.

Die Werte- und Normendiskussion hat für mich
einen ehelichen Verschleierungseffekt.

Wecks und Schecksel

Konsumbrüterbranche

Sie bewerben sich als Laberarbeiter. *

Untertrittst du hier die Unternehmerinteressen?

Seit Beginn, seit der Bedeckung Amerikas,
ist der Handel der Motor der
politischen Entwicklung.

Da ging mir ein Groschen auf.

Das kostet mich zu teuer.

Vorstandsruhe

Ich werde mir mal diese Lohnsteuertabletten
anschauen.

Ich bekomme ein Darling bei der Bank.

Die Bundesregierung erließ deshalb eine
Einfuhrverstopfung für Rindfleisch.

Weltwirtskrise

Der deutsche Eierkopfverbrauch*

Die Neuverschuldung des Bundes soll
39 DM nicht übersteigen.

Kapitalistische Wildwirtschaft

Einzahlung bei allen Spanken und Barkassen

Die Kontonummer lauert.

Musikbock

Seemann, laß das Weinen
oder
Shubidubidu

Sind nur mehr Krümel mit dem Seemann

Rippmann und Lau

Genver Clan

Platztante

Roperter

Klatschtantenspalte

Ihr müßt im Klatsch takten. Ich bin so aufgeregt:
Ihr müßt im Takt klatschen.

Paß mal zu.

Die Schlafzeilen der heutigen Nachrichten*

Die sind jetzt bestimmt schon verfimmelt.

Beim Reden sprechen wir nicht.

66

Das vom Sprecher unbeherrscht Bewußte

Morgen mehr auf gleicher Stelle
an gleicher Welle.

Auf der Mittelwellensende

Von irgendwelchen Potgruppen

Das ist der Himmer.

Der muß hier feckige, äh, fetzige, rockige
Sachen spielen.

Machen Sie sich auf einen spannenden
Krimi gespannt.

Der hat Geschichten auf parat.

Du kennst doch Krimissär Freytag.

Die SFW3-Lehrer, -Leser, äh, -Hörer.*

Und hat die Berufsausbildung abgeschlossen
für die Schlägerkarriere

Werbeslagon

Der Schauspüler auf der Bühne

Die Daten von Zsa Zsa Gabor
wurden festgenommen.

Er stont, er schont das Stimmchen.

Eine Versprecherin im Radio

Wir haben den Entchentauf . . .

Wir haben uns weggelacht.

Ich brauche Vaseline für die Fernbedienung.*

Kabellitenfernsehen

Sie skizzierten die ungeplanten Reize
eines Journalisten.

Der erstige ständige Korrespondent

Die Panne am Anfang bitten wir zu verzögern.

Sie hören nun Melodien aus der Operette
Paul Luna von Frau Lincke.*

Dulett

Ein blindes Horn, ein blindes Huhn
findet auch mal ein Korn.

Das war dann das Tröpfel auf dem i
oder
Aus Kultur und Wissenschaft

Loy Richtenstein

Stanislaw Lem verglühe ich ehrend.

Dann hab' ich noch mit dem Kant
über Hans gesprochen.

Lathans Nessing, äh, Nessings Lathan

Was hast du von Schiller gelesen?
Kannibal und Liebe?

Othello begann an der Untreue seiner
unschuldigen Gattin zu zweifeln.

Wie in einem römischen Amphibientheater

Gerade für die Wilmwissenschaft gilt . . .

Das gibt es gebunden und als Taschentuch.*

Ich mach' mir einen Knoten ins Taschenbuch.

Das Vier-Seiten-Buch, das wird noch dicker.

Ein Buchstabe ist vier Wörter lang.

Hamlet wurde geschrieben, nachdem
Freuds Vater gestorben war.

Daß Hölderlin weniger Löser, äh, Leser hat
als Goethe . . .

Was die Beziehung zu Malina betrübt,
ist die betrübliche Beziehung zum Ich.

Was weiterum in diesem Roman offenbleibt . . .

In ihrer Sprenk-, äh, Sprach- und Denkfähigkeit.

Das gemeinste Kleinsame

Ich würde das nicht nochmal verdeuteln,
äh, verdoppeln.

Der springende Grund

In einem Abfall geistiger Anwesenheit

Braun hat die Röhrsche erfunden.

Hunnila

Eine Krähe wäscht die andere.

Eine Tastatur, die ihresgleichen ist.

Noch nicht mal mit Salzpetersäure

Fischer Wischenschaft

Die Diskussion war nicht entsetzlich enthellend.

Der wohnt in Berlin und studiert Benzin.

Erläutern Sie begründend den Versuchsauflauf,
äh, -ablauf.

In Anbetracht des ausgefallenen Standpunkts,
den du vortrittst.

Ich kann nichts Negateiliges sagen.

Aber man kann auch sagen:
wie im oberen Mustel.

Beispielsmal

Beispiele aus den Haaren saugen

Probleme wie du und ich

Das is' 'en bißchen mißverstandnich,
mißverständlis, pardon, mißverständlich.

Über das große Düden – Dudenwert –
Wörterbuch der deutschen Sprache

Man sollte den Gehörsaal nicht
durch Gelächter entweihen.

Die amerikanischen renovierten, äh, renommier-
ten Professoren.

Da wird er keinen WC, äh, NC durchsetzen. *

Dafür ist aber das Latinikum da, Mensch.

Eine hohe Durchfallerknote

Hier baut die Universität den Geistesabschnitt.

In Lehrung und Forsche

Wesserbisser

Althumanist

Forschungsfrierpunkt Schweden

Gerade du als Wischensaftler

Hochstuhllehrer

Der nimmt kein Brett vor den Mund.

Hausschuhabschluß, Hausschulabschluß, äh –
Hauptschulabschluß

Nicht die Triebsche, äh, Freudsche Trieblehre.

Jetzt hab' ich schon drei Fallbeile.

Mit dem Nobelpreis verbindet man einen hohen
Anspruch, wegen Einspein, äh, Einstein . . .

Theorien werden nicht einfach
vom Tisch gebügelt.

Kleine Theorie des Versprechers
und
Alles, was noch fehlt, sind Literaturhingaben

Der sprachliche Alltag: *Was normale Sprecher*
bei Versprechungen machen

»Der Sprechfehler ist an sich nichts Krankhaftes, nichts Pathologisches. Der gesündeste Mann ist in seiner gesündesten Stunde nicht sicher, sich zu versprechen. Kurz, die Bedingungen zum Versprechen sind immer vorhanden, und die Möglichkeit, das Versprechen in Regeln zu bringen, zeigt uns das Vorhandensein eines gewissen geistigen Mechanismus, in welchem die Laute eines Wortes, eines Satzes, und auch die Worte untereinander in ganz eigentümlicher Weise verbunden und verknüpft sind.« (Meringer/Mayer, 1895, S. 10)

Jeder, der sich einmal etwas intensiver mit Sprache befaßt hat, ist von der Komplexität und der feinen Struktur der Sprachkenntnis und der alltäglichen Sprachakrobatik von Sprechern fasziniert. Vielleicht gibt es nichts vergleichbar Atemberaubendes wie die menschliche Sprache. Zu unserem alltäglichen Sprechen gehören Versprecher, die zugleich schöpferisch und regelgeleitet sind: »Richtig ist, daß bestimmte Individuen im Versprechen Auffallendes leisten, aber auch bei ihnen erscheinen keine eigenen Regeln.« (Meringer/Mayer, 1895, S. 10)

Versprechen (althochdeutsch *farsprehan*) hat erstaunlicherweise zwei nahezu entgegengesetzte Bedeutungen; zum einen: »jemandem etwas zusagen«, »sich verpflichten, etwas zu tun« (in der

77

mittelalterlichen Rechtssprache sogar: »etwas befürworten«, so wie die *Versprecherin* eine »Fürsprecherin« war); zum anderen (mit dem Reflexivpronomen): »aus Versehen etwas Falsches sagen« (und in früherem Sprachgebrauch auch: »in Abrede stellen, etwas verweigern«). Diese »Doppelheit des Sinnes«, wie es im »Deutschen Wörterbuch« (1956) der Brüder Grimm heißt, findet man ursprünglich für alle Verben mit der Vorsilbe *ver*. So konnte *verraten* sowohl »etwas raten« als auch den uns bekannten Sinn haben, heute jedoch gilt nur noch die negative Bedeutung. *Versprechen* hat sich die positive und die negative Bedeutung bewahrt, letztere aber nur in dem Sinn, der uns hier interessiert, also im Sinn des sprachlichen Fehlgriffs.

Der Beginn einer Sammlerleidenschaft oder
Der genische Sächsitiv

Vor einigen Jahren habe ich in einem Seminar an der Universität Frankfurt ein ziemlich ernstes Thema behandelt: Sprachstörungen infolge von Schädigungen der Sprachzentren im Gehirn. In einer der ersten Seminarsitzungen habe ich davon gesprochen, daß bei bestimmten englischsprechenden Aphasikern regelmäßig das Genitiv-*s* ausfällt. Sie sagen also beispielsweise statt *John's house* notorisch *John house*. Ich habe mich darüber gewundert, daß die Teilnehmer nahezu pausenlos ge-

Wir waren Pilze fangen.

lacht haben, und machte mir die üblichen Gedanken eines geplagten Universitätsprofessors: »Typisch, du kannst die interessantesten Dinge erzählen, im Grunde ist alles für die Katz.« Nach der Sitzung erklärte mir einer der Teilnehmer, warum meine Argumentation im Lachen untergegangen war. Es hatte einen ganz anderen Grund, als ich vermutet hatte: Ich hatte nämlich kontinuierlich statt vom *sächsischen Genitiv* vom *genischen Sächsitiv* gesprochen!

Daraufhin kam ich zum Schluß, daß die akademische Lehre durch Versprecher und ihre Analyse bereichert werden könnte, und habe begonnen, Versprecher zu sammeln.

Die Tradition

Nun bin ich weder der erste noch der einzige Sammler, und viele, die Versprecher sammeln, verfolgen dabei natürlich ein bestimmtes wissenschaftliches Interesse.

Bereits 1895 veröffentlichte der deutsche Sprachwissenschaftler Rudolf Meringer (übrigens zusammen mit dem Neurologen Mayer) die erste deutschsprachige Versprechersammlung unter dem wahrlich modernen Titel: »Versprechen und Verlesen – Eine psychologisch-linguistische Studie«. Aber schon vor dieser Zeit finden sich in sprachwissenschaftlichen Arbeiten verstreut Bemerkungen zu Versprechern, so wie in dem bereits erwähnten »Deutschen Wörterbuch« der Gebrüder Grimm, in den »Prinzipien der Sprachgeschichte« von Herrmann Paul (1880), in »Die sprachwissenschaft« von Georg von der Gabelentz (1891) oder in »Progress in language with special references to English« von Otto Jespersen (1894), um nur einige wenige zu nennen.

Von der Mitte des letzten Jahrhunderts an bis in die zwanziger Jahre unseres Jahrhunderts war die Forschungsarbeit im Bereich des Sprachverhaltens ohnehin rege und intensiv in Europa, insbesondere aber in Deutschland: Mediziner, Psychologen und Sprachwissenschaftler arbeiteten eng zusammen und entwickelten äußerst interessante und richtungweisende Theorien über den Zusammenhang von sprachlichem Wissen und der Anwendung dieses Wissens. Dann unterbrach der Nationalsozialismus diese Forschungen. Erst Anfang der siebziger Jahre wurde von dem deutschen Sprachwissenschaftler Manfred Bierwisch von der Arbeitsstelle für Strukturelle Grammatik in einem Aufsatz mit dem Titel »Fehler-Linguistik« die Frage wieder aufgegriffen, welchen Mustern sprachliche Fehlleistungen folgen und welchen Aufschluß wir damit über intaktes Sprachverhalten erlangen können. Seitdem sind unter diesen Fragestellungen einige Sammlungen, zum Teil von beträchtlichem Umfang, erstellt worden, so zwei in den Vereinigten Staaten (UCLA- und MIT-Sammlung, zusammengestellt von Victoria

Fromkin beziehungsweise Merrill Garrett und ihren Mitarbeitern), viele auch in Europa. In Deutschland gibt es Sammlungen unter anderem in Oldenburg, Bielefeld, Freiburg sowie die Frankfurter Sammlung, die gegenwärtig etwa 4000 Versprecher umfaßt.

Meringers Theorie

Viele von Meringers Überlegungen haben heute noch Gültigkeit. Dies gilt sowohl für seine Klassifikation der Versprecher in fünf Klassen als auch für seine Annahmen über die psychologischen Ursachen und Entstehungsweisen solcher Fehlleistungen. Meringer kann daher als der Begründer der psycholinguistischen Versprecherforschung angesehen werden. Mit seiner Analyse wollte er Antworten finden auf die Fragen, welche psychologischen Mechanismen zu sprachlichen Fehlgriffen führen, welche sprachlichen Einheiten von diesen Mechanismen erfaßt werden können und welche psychologisch-linguistische Struktur die Versprecher haben.

Gemäß Meringers akribischen Beobachtungen findet man folgende Versprechermuster:

I VERTAUSCHUNGEN Bei Vertauschungen wechseln zwei sprachliche Einheiten in einer Äußerung ihren Platz. Dies können Wörter sein:

(a) *da plötzlich stürzt aus einem Haus mit fliegenden Weibern ein Haar heraus* für *... mit fliegenden Haaren ein Weib heraus*

Auch Bestandteile von zusammengesetzten Wörtern können vertauscht werden:

(b) *zwecktischer Prak* für *praktischer Zweck*

Silben (c) und Laute (d)/(e) können ebenso ihren Platz im Satz wechseln:

(c) *Gebrecherverhirne* für *Verbrechergehirne*
(d) *oh du Saukramer* für *oh du Grausamer*
(e) *à prapa Popo* für *à propos Papa*

Man erkennt an (d) und (e), daß Laute nur dann vertauscht werden können, wenn sie in derselben Silbenposition, zum Beispiel am Silbenanfang (d) oder in der Silbenmitte, der klassischen Vokalposition, (e), vorkommen: »Dagegen kann ich mich nicht erinnern, ... daß man An- und Auslaut desselben Worts verwechselt (also etwa *tug* für *gut*) ...« (Meringer/Mayer, 1895, S. 24)

II ANTIZIPATIONEN/VORKLÄNGE Bei Antizipationen werden sprachliche Einheiten in der Äußerung vorweggenommen. Meringer glaubte zudem, daß die »Anticipationen ... die gewöhnlichsten Fehler des energischen, lebhaften Sprechens« sind (S. 41). Mit meinen eigenen Beobachtungen stimmt dies nicht überein. Andere Versprechertypen kommen ebenso oft beim schnellen Sprechen

vor. Jedenfalls können alle sprachlichen Einheiten
vorweggenommen werden, Laute (a), Silben (b),
Wortbestandteile (c) und Wörter (d):

(a) *ich wollte sie stockbrieflich verfolgen lassen*   für   *steckbrief-
lich*
(b) *ich werde nun zur Abschreitung der Anträge schreiten*
für   *Abstimmung*
(c) *die Sympather ... die Japaner sind mir viel sympathischer*
(d) *ich gebe mir keinen Witz mehr, über die Witze nachzudenken*
für   *keine Mühe*

Insbesondere (d) zeigt, daß unsere Sprachplanung
selbst dann perfekt organisiert ist, wenn wir uns
versprechen. Denn nach der Vorwegnahme von
Witz ist nicht etwa *ich gebe mir keine Witz mehr* entstanden, sondern der Artikel ist ordnungsgemäß
an den Fehler angepaßt worden. Dieses Phänomen
der Anpassung macht uns darauf aufmerksam, daß
Versprecher eben nicht Symptom eines komplet-
ten Zusammenbruchs unseres Sprachverhaltens
sind, sondern daß im Gegenteil die grammatischen Regeln, als Teil der Sprachplanung, sogar
bei sprachlichen Fehlleistungen wirksam sind.
Sprachliche Fehlleistungen sind daher nie grammatische Fehler. Oder anders ausgedrückt: Die
Grammatik als Teil unseres Sprachplanungsappa-
rates gleicht, soweit es in ihren Kräften steht, den
sprachlichen Fauxpas aus und macht ihn eigentlich
salonfähig.

In bezug auf (c) sei mir eine Präzisierung erlaubt:
Vorweggenommen wird hier nämlich nicht ir-

gendein Wortbestandteil, sondern der Wort-
stamm *sympath*.

Wie nahezu alle anderen Versprechermuster belegen auch Antizipationen, daß Laute keine unzer-
legbaren Einheiten sind, sondern Bündel von Eigenschaften. Und unser Sprachplanungssystem ist
so differenziert, daß es auch solche Eigenschaften
erfassen kann:

(e) *Die Muse ist in Pier ... Bier getauft*

Hier wird nur eine Eigenschaft des *t* aus *getauft*,
nämlich seine Stimmlosigkeit, vorweggenommen, so daß aus dem stimmhaften *b* ein *p* wird.

III Postpositionen/Nachklänge Bei diesem
Fehlertyp sind bereits geäußerte sprachliche Einheiten noch präsent und werden fälschlicherweise
ein zweites Mal verwendet. Auch hier können alle
sprachlichen Einheiten betroffen sein:

(a) *er wünscht zu wünschen ... zu wissen*
(b) *ich fordere Sie auf, auf das Wohl unseres Chefs aufzustoßen*
     für   anzustoßen
(c) *sozialistische Zekten*   *für*   *Sekten*

Meringer glaubte, daß Postpositionen bei jünge-
ren Leuten seltener auftreten als bei »Greisen«.
Vielleicht dachte er dabei an folgendes: Bei schweren Sprachstörungen (Aphasien) zeigen sich dra-
stische Postpositionen, so etwa, wenn ein Patient
Gegenstände sprachlich bezeichnen soll: Zu einer

»Gabel« sagt er *Stickschraube zum Essen*, direkt danach zu einem »Schirm« *Stickschraube für'n Regen*,
und so geht das weiter. Offenbar steuert das an sich
schon unpassende Wort *Schraube* all seine weiteren
sprachlichen Reaktionen (vgl. Leuninger, 1989).
Ähnliches zeigt sich bei der folgenden Reihe: Zu
»Fürst« sagt der Patient korrekt *Fürst*, zu »Spruch«
Fürste, zu »Zwist« *Fluts* und zu »Strumpf« *fürs*.
Hier kann sich der Patient nicht mehr vom Lautbestand des ersten Wortes lösen (vgl. Poeck, 1982). In
dieser Quantität treten Postpositionen bei Sprach-
gesunden nicht auf, aber qualitativ ähneln sie sich
doch. Vom Alter aber hängt das Auftreten von
Postpositionen nicht ab.

IV Kontaminationen »Die Contamination besteht darin, daß man aus *mehreren* Sätzen (oder
Teilen von Sätzen) *einen* macht, aus *mehreren* Wörtern *eines*. Die Contamination setzt Ähnlichkeit
der Bedeutung oder Form der verschmelzenden
Sätze, Redensarten oder Wörter voraus.« (Merin-
ger/Mayer, 1895, S. 53 und 67):

(a) *der Mann hat schon viel hinter sich gemacht*   für   *hinter sich
     gebracht*   bzw.   *gemacht*
(b) *hin- und herschwogen*   für   *schweben*   bzw.   *wogen*

Kontaminationen teilen bestimmte Eigenschaften
mit Substitutionen, unterscheiden sich aber auch
von ihnen.

Zuchthauspilze

V Substitutionen »Ich verstehe darunter Sprechfehler, welche darin bestehen, daß man ein Wort durch ein *ähnliches*, aus irgendeinem Grunde dem Bewußtsein mindestens augenblicklich näher liegendes Wort ersetzt ... wie bei Contaminationen, und in wahrscheinlich viel höherem Grade [spielen] die »schwebenden« oder »vagierenden« Sprachbilder eine große Rolle. Sie sind ... noch in wirksamer Nähe, können leicht durch eine Ähnlichkeit des zu sprechenden Komplexes herangezogen werden und führen dann eine Entgleisung herbei oder kreuzen den Zug der Wörter.« (Meringer/Mayer, 1895, S. 71)

Während also bei den vorher besprochenen Fehlleistungen neue Formen entstehen, die manchmal sogar zufällig Wörtern aus dem Wortschatz entsprechen, werden bei Substitutionen »meist keine neuen Wörter geschaffen« (S. 71), sondern aus dem inneren Wortspeicher inhaltsähnliche oder formähnliche Wörter (c) falsch abgerufen.

(a) *die Abende sind dann schon kurz*   für   *... lang*
(b) *wes Brot ich eß, des Lob ich trink*   für   *... sing*
(c) *renommiert*   für   *renoviert*

Meringer bemerkt zu der Ersetzung (b) ganz richtig, daß sie durch die Bedeutungsnähe von *essen* und *trinken* und die Formähnlichkeit von *trinken* und *singen* verursacht wird.

Irgendwie habe ich heute morgen 'ne Zunge
im Knoten

Meringer unterschied sprachliche Fehlleistungen von anderen Sprechfehlern, die er »Lautstottern« nannte. Heute wird hierfür der Ausdruck »Zungenbrecher« verwendet. Versprecher können unabhängig von der Schwierigkeit des Wortes oder Satzes jede Einheit betreffen und jede sprachliche Einheit für die andere, geplante einsetzen. Lautstottern tritt gewöhnlich unter folgenden Bedingungen auf: Wenn mehrere Wörter oder Silben gleich beginnen, *r* und *l* gehäuft auftreten oder ähnlich klingende Anlaute vorhanden sind, wie zum Beispiel in *Die Katze tritt die Kreppe ... Treppe krumm*. Der Sprecher versichert, »er habe sagen wollen: *die Kreppe trumm*« (Meringer/Mayer, 1895, S. 87).

Wir wollen es dabei bewenden lassen, obwohl Meringers Buch noch eine Fülle schöner Beispiele und interessanter Beobachtungen enthält.

Versprecher in der Satzplanung

Auch die gegenwärtige Linguistik beschäftigt sich noch in vergleichbar intensiver Weise mit Meringers Fragen, beantwortet sie zum Teil anders, vielleicht auch genauer. Darauf werde ich später zurückkommen. Ich möchte nun einige Vermutungen über die innere Sprachplanung anstellen und versuchen, die im alltäglichen Sprachgebrauch auftretenden Versprecher relativ vollständig zu klassifizieren. Meine Analyse orientiert sich teilweise an Meringers Vorstellungen, geht aber in wesentlichen Aspekten darüber hinaus. Ziel all meiner Bemühungen soll sein, den Weg unserer Gedanken zu den Äußerungen nachzuzeichnen und zu beobachten, wie unser meist unbewußtes Sprachwissen und seine Planungsmechanismen zusammenwirken. Das Analysieren der menschlichen Sprachproduktion ist ziemlich schwierig, denn was ein Sprecher sagen will, kann experimentell kaum herbeigeführt werden. Andererseits ist die spontane alltägliche Kommunikation häufig leider wenig ergiebig für die Beantwortung der Frage, wie Sprachverhalten strukturiert ist, denn obschon sich in Alltagsgesprächen viele grammatisch abweichende oder unvollständige Sätze (beispielsweise Satzplanungsabbrüche) finden, verstehen wir zumeist dennoch, was unser Dialogpartner sagen will. Oft scheint es, als ob wir nahezu völlig von Sprache absehen und uns allein auf außersprachliche Informationen verlassen. Bruchstückhafte Rede ist Ihnen sicherlich auch vertraut. Frau Heuser trifft Frau Bratengeier im Supermarkt an der Käsetheke:

H: *Ei Frau Bradegeier, wie geht's dann?*
B: *Mir geht's gar net*
H: *Ich nemm von dem Gouda, is der im Angebot?*
B: *Gut. Isch hab so*

H: *Sie, neulisch, ja, packe Se des ruhisch*
B: *Kreuzschmerze, seit gestern – ach na, gestern hatt isch die schon, es müßt – kenne Se den Doktor Labbeduddel eischentlisch?*
H: *naja, isch könnt aach noch – na, den kenn isch net*
B: *wie gesacht, gestern war's schon ...* *

Ganz eng auf die Sprache bezogen, sind demgegenüber Versprecher also selektive Ausblendungen sprachlichen Materials, die daher einen interessanten Einblick in die innere Sprachplanung erlauben. Aber auch hier ist Vorsicht geboten. Die Zuverlässigkeit von Versprechern als Daten für die wissenschaftliche Erforschung des Sprachplanungsapparats ist nicht ohne weiteres gegeben. Während wir also bei normalen Alltagsgesprächen keine inhaltlich aufschlußreichen Fragen stellen können, ergeben sich in bezug auf Versprecher formale Probleme: Statistische Einschätzungen der Vorkommenshäufigkeit sind nämlich kaum abzugeben: Insbesondere ist strittig, wie oft ein bestimmter Versprechertyp auftritt oder wie häufig bestimmte sprachliche Einheiten betroffen sind. In einem der wenigen Experimente zur Sprachproduktion konnte zum Beispiel gezeigt werden, daß bei normaler Sprechgeschwindigkeit (etwa 120 bis

---

* Solche Gesprächsverläufe haben nichts damit zu tun, daß die beteiligten Sprecher Dialekt verwenden. Ich habe nur ein Beispiel aus einem Frankfurter Supermarkt angeführt. Man kann sich leicht vorstellen, wieviel Zeit ich dort mit Lauschen vertrödele!

150 Wörter pro Minute) die meisten Versprecher vom Hörer nicht bemerkt, sondern intuitiv korrigiert werden; erst bei verlangsamter Sprechgeschwindigkeit fallen dem Hörer Versprecher eher auf. Diese statistische Unzuverlässigkeit liegt an vielerlei, auch daran, wie Datensammlungen zustande kommen. Solche Sammlungen werden von Linguisten zusammengetragen, indem sie Versprecher notieren, bei Gesprächen, Vorträgen und so weiter (was manchmal ziemlich hinderlich ist, weil man überhaupt nicht mehr auf den Inhalt des Gesagten achtet). Dabei kann aber nicht sichergestellt werden, daß kein Versprecher der Aufmerksamkeit entgeht oder jeder Versprecher richtig aufgeschrieben wird. Der Vergleich mit Analysen anderer Versprechersammlungen und die intensive Diskussion mit anderen Versprecherforschern garantiert jedoch, daß die eigenen Vermutungen nicht bloße Fiktionen sind.

Versprechergrenzen: Satz und Dialog

In der Regel verspricht man sich nur innerhalb des Satzes. Manchmal, so haben wir gesehen, sind die von Fehlleistungen betroffenen Bereiche noch kleiner. Das hat sicherlich damit zu tun, daß wir nicht beliebig umfangreiche Einheiten unbegrenzt lange in unserem »Arbeitsspeicher« behalten können, der – wie andere Gedächtniskomponenten auch – nur eine eingeschränkte Kapazität hat. Denn man darf nicht vergessen, daß nur etwa jeweils 7 Einheiten in Millisekunden bearbeitet werden können. Gelegentlich aber verursachen Äußerungen des Sprechers, mit dem man sich gerade unterhält, Versprecher in der sprachlichen Reaktion des Hörers. Dabei wird dann die Satzgrenze überschritten. Dies funktioniert im Regelfall aber nur, wenn der Zuhörer die Äußerung seines Kommunikationspartners noch im Arbeitsspeicher hat. Beginnt er zu sprechen, können sich dann Teile der vorangegangenen Rede in seine Äußerung einschleichen. Schon Meringer bemerkte dies: »Es ist von einer Familie Namens ›Worms‹ die Rede. Gleich darauf sage ich zu einem Freunde: ›Du Wormsl!‹ statt ›Du Ernstl!‹« (Meringer/Mayer, 1895, S. 45)

Und hier ein Beleg aus meiner Sammlung:

A: *Es sei denn, du hast großes Pe*ch
B: *Und du großes Glü*ch

Sehr weit dürfen aber die Äußerung, welche die Versprecherursache enthält, und der Versprecher wohl nicht voneinander entfernt sein, wie es die obigen Beispiele auch illustrieren.

Wann und wie oft

»... überhaupt ist das capitel vom versprechen und verlesen psychologisch interessant. Studien macht das volk besonders beim redner, der, mit seinem gedankengang beschäftigt, den worten nicht genügend aufmerksamkeit schenkt: verspricht sich doch der prediger auf der kanzel, sagt man sprichwörtlich gleichsam zur entschuldigung: stolpert doch ein pferd, und hat vier füße ... « (Grimm/ Grimm, 1956, S. 1475)

Versprecher haben zwei Eigentümlichkeiten: Einerseits sind sie ganz alltägliche sprachliche Pannen, ungeplant und ungewollt. Dies macht gewiß auch ihren Charme aus. Andererseits kommen sie so oft gar nicht vor, wie durch die zum Teil sehr umfangreichen Versprechersammlungen nahegelegt werden könnte. Man schätzt, daß im Durchschnitt pro tausend Wörter ein Versprecher vorkommt. Das ist nicht besonders viel. Wenn wir nämlich in normaler Sprechgeschwindigkeit ununterbrochen reden würden, dann würden wir alle zehn Minuten einen Versprecher produzieren. Gewöhnlich sind unsere Redebeiträge jedoch über den Tag verteilt, es sei denn, wir müssen zum Beispiel Vorträge halten. Dies macht vielleicht auch deutlich, warum wir häufig den Eindruck haben, Politiker oder andere öffentliche Personen würden sich viel öfter versprechen als wir. Dies liegt aber offenkundig bloß daran, daß solche Personen eben häufig länger und ununterbrochen reden, wenn nicht gar monologisieren.

Welches sind nun aber überhaupt die Situationen, in denen Versprecher wahrscheinlich sind?

»Wenn es in einer Gesellschaft etwas lebhafter

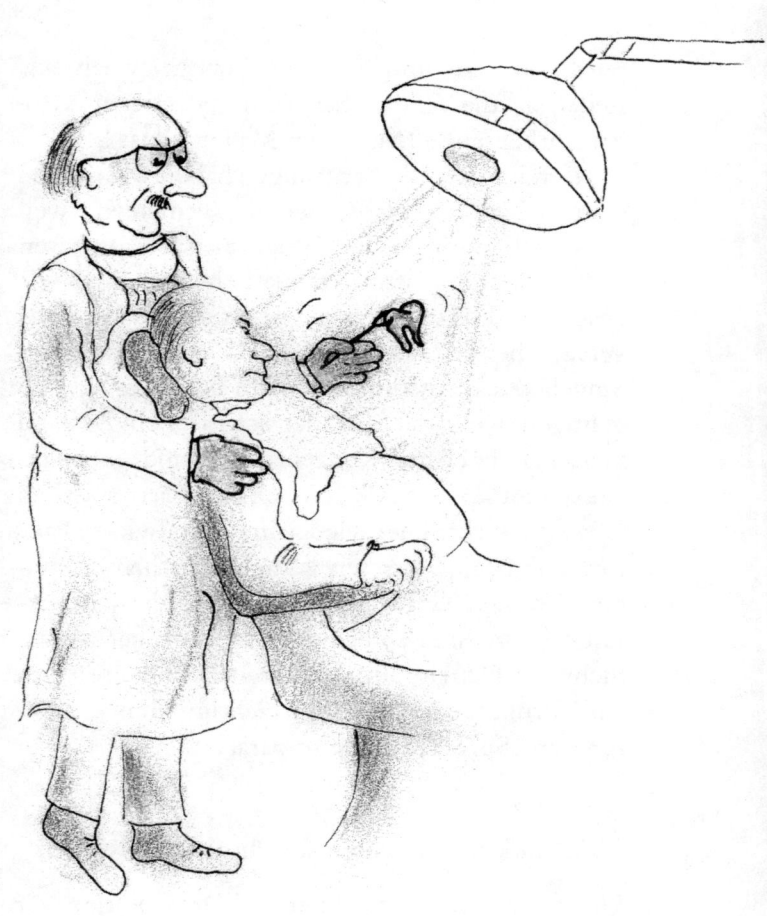

Der Wink mit dem Faulzahn

wird und Rede und Gegenrede rascher wechseln, stellen sie [die Versprecher, Anm. HL] sich mit Bestimmtheit ein.« (Meringer/Mayer, 1895, S. 9)

Nach meinen Beobachtungen haben wir nahezu keine Chance, Versprecher zu vermeiden, weil Versprecher anziehende Situationen an konträren Polen unserer Aufmerksamkeit liegen: Sind wir besonders konzentriert oder besonders erschöpft, versprechen wir uns häufiger als sonst. Fehlerfreies Sprechen scheint offenbar dann besonders gut zu gelingen, wenn der Sprecher sich in einem Zustand zwischen höchster Konzentration und äußerster Entspannung befindet, in einem harmonischen Gleichgewicht. Dies wiederum ist von vielen Faktoren abhängig, die wir kaum beeinflussen können. Zum Glück für mich und meine Versprechersammlung. Aber keine Sorge: Versprecher weisen nicht auf Defizite unseres Intellekts hin, sondern auf vorübergehende Beeinträchtigungen unseres inneren »Sprachplanungsapparats«.

Wie funktioniert unser Sprachplanungssystem?

Um etwas Genaueres über die Organisation der Satzplanung zu erfahren, sind nun die folgenden Versprecher (Wortersetzungen) besonders aufschlußreich:

(a) *aber klein isse, äh, groß*
(b) *damit kommst Du auf keinen grünen Baum*   für   *Zweig*

(c) *der Versprecher wird noch immer von der Polizei gesucht* für
   Verbrecher
(d) *wir lernen bis zum Abszeß* für *Ekzeß*

Bei (a) und (b) handelt es sich, wie wir bereits wissen, um Ersetzungen bedeutungsverwandter Elemente, bei (c) und (d) um Ersetzungen aufgrund von Formähnlichkeit. Wie kann es zu solchen Ersetzungen kommen?

Unser inneres Lexikon

».. . die Gewöhnung ist eine Art Natur. Daher erinnern wir uns schnell an das, was wir oft denken. Denn wie das Nacheinander von Natur aus ist, so ist es auch in Wirklichkeit. Die oftmalige Wiederholung aber ersetzt die Natur. Da aber sogar in der Natur manches widernatürlich und zufällig verläuft, so erst recht in den durch Gewöhnung entstandenen Verhältnissen, die nicht ganz so natürlich sind. Daher verläuft auch dort die Bewegung auch einmal anders, zumal wenn dorthin eine Ablenkung wirksam ist. Daher kommt es oft vor, wenn man sich an ein Wort erinnern soll, daß man auf ein ähnlich klingendes abirrt und einen Sprachfehler macht.« (Aristoteles, De memoria et reminiscentia)

Wir wollen nun diesen Gedanken von Aristoteles aufgreifen und im Lichte der Sprachwissenschaft überlegen, wie der Wortspeicher, also unser inneres Lexikon, aufgebaut sein muß, wenn er solche Versprecher ermöglicht. Das innere Lexikon, das wir bei der Sprachplanung konsultieren, ist wohl nicht – wie die Lexika, die im Bücherschrank stehen – alphabetisch geordnet und statisch, also ein für allemal festgelegtes Nachschlagewerk, sondern es ist vielmehr ein nach Bedeutungs- beziehungsweise Formkriterien organisiertes Gebilde. Versprecher wie (a) und (b) sowie (e) und (f) illustrieren verschiedene Arten der Bedeutungszugehörigkeit von Wörtern: *klein* und *groß* oder *gut* und *schlecht* sind Gegensätze mit einem gemeinsamen Bedeutungskern, zwischen *Baum* und *Zweig* besteht eine Teil-Ganzes-Beziehung, und *Möhren* und *Erbsen* fallen unter denselben Oberbegriff:

(e) *die sitzen aber schlecht für dich*   für   *gut* [gemeint sind hier die Skatkarten]
(f) *Gib mir mal die Dose mit den Möhren*   für   *Erbsen*

Die Kontaminationen (g) und (h) belegen, daß nicht nur Einzelwörter, sondern auch feststehende Redewendungen bedeutungsverwandt sein können:

(g) *es hat dazu beigeführt*   für   *beigetragen/geführt*
(h) *es gibt einen Hinwaltspunkt*   für   *Hinweis/Anhaltspunkt*

Daß Wörter offenbar auch unter formalen Gesichtspunkten im inneren Lexikon gespeichert sind, sieht man an den Versprechern (c) und (d). *Verbrecher* und *Versprecher* und *Abszeß* und *Exzeß* (gesprochen: *Ekszeß*) sind sich in ihrer Bedeutung recht fern, ähneln sich jedoch in ihrem formalen Aufbau:

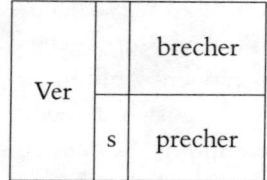
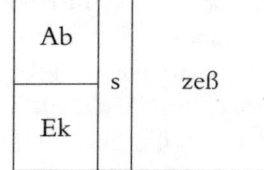

Je mehr Gemeinsamkeiten lexikalische Elemente haben, um so enger sind sie miteinander vernetzt und um so größer ist die Wahrscheinlichkeit, daß sie in Fehlplanungen vorkommen. Denn während der Planung der Äußerung kann ein falsches Element aus dem inneren Lexikon ausgewählt werden; dieses Element ist aus Bedeutungs- oder Formgründen wie in einem Netzwerk mit den richtigen Elementen verknüpft und wird gleichzeitig aktiviert. Eine solche »dynamische« Vorstellung unseres mentalen Lexikons kommt den Prozessen, die in unserem Gehirn ablaufen, recht nahe. Diese Organisationsprinzipien steuern zum Beispiel auch unsere Suchstrategien, wenn uns einmal ein Wort nicht einfällt. Es kommt ja immer wieder vor, daß wir das Gefühl haben, ein Wort liege uns auf der Zunge, und daß wir bestimmte Verfahren anwenden, um es zutage zu fördern. Dieses Phänomen ist 1966 von zwei Psycholinguisten, Brown und McNeill, experimentell untersucht worden. Den Testpersonen wurden Definitionen von relativ seltenen Wörtern vorgegeben, zum Beispiel: ein Navigationsinstrument, das verwendet wird, um Winkelabstände zu messen, insbesondere den Sonnen-, Mond- und Sternenstand auf dem Meer. Einige Testpersonen wußten sofort, um welchen Gegenstand es sich handelt, kamen aber nicht auf die Bezeichnung (*Sextant* übrigens!). In diesem »Es-liegt-mir-auf-der-Zunge-Stadium« wurden die Testpersonen aufgefordert, die Wörter zu nennen, die ihnen spontan einfielen; wie ihre Reaktionen zeigten, verwendeten sie die Bedeutungs- beziehungsweise die Formroute: einige sagten *Kompaß,* andere wiederum *Sekante, Sextett,* ganz so, wie wir es mit unserer Annahme über das innere Lexikon auch erwarten würden.

Zurück zur Klassifikation: Das Besondere an Vertauschungen

Im Gegensatz zu Ersetzungen sind Vertauschungen ja Fehler, bei denen jeweils zwei Elemente in der Äußerung ihren Platz wechseln, zum Beispiel in den *Wortvertauschungen* (a)/(b) oder in den *Lautvertauschungen* (c)/(d).

(a) *ich habe an diesem Termin einen Geburtstag* für *diesem Geburtstag einen Termin*

(b) *ich fahr' mit der Uschi zum Fahrrad* für *mit dem Fahrrad zur Uschi*

(c) *ich habe ihm mein Lad gekleigt* für *mein Leid geklagt*

Wieder einmal landet der Ball im Bett.

(d) *wir helfen euch dabei, ein bißchen Karolien zu sammeln*   für
    Kalorien

Beim *Stranden* handelt es sich auch um Vertauschungen, allerdings nur um scheinbare Wortvertauschungen, denn es werden hier nicht ganze Wörter, sondern lediglich Wortstämme vertauscht, während die Endungen an ihrem Platz zurückbleiben, »stranden« eben:

(e) *Paar der Küre*   für   *Kür der Paare*
(f) *wir pfeifen nicht nach Ihrer Tanze*   für   *wir tanzen nicht nach Ihrer Pfeife*

In (e) bleibt die Pluralendung zurück, denn es entsteht ja nicht *Paare der Kür*; in (f) werden die Stämme *tanz* und *pfeif* vertauscht, und die Substantivendung bleibt zurück. Wie kommen diese Versprecher bei der aktuellen Sprachplanung, also beim Übersetzen von der Mitteilungsabsicht in die Anweisungen an die Sprechwerkzeuge, zustande?

Nach Meringers Vorstellungen sind alle Vertauschungen vom selben Typ. Wenn man jedoch genauer hinschaut, erkennt man recht deutliche Unterschiede. Nur oberflächlich folgen Wortvertauschungen einerseits und Lautvertauschungen oder Stranden andererseits demselben Sprachplanungsmuster. Bei Wortvertauschungen werden vornehmlich Wörter derselben Wortart miteinander vertauscht, zum Beispiel Substantive mit Substantiven oder Adjektive mit Adjektiven, aber die betroffenen Elemente können in der geplanten

Äußerung relativ weit voneinander entfernt sein (große Fehlerspanne). Sie entstehen zu einem ziemlich frühen Zeitpunkt der Planung, dann nämlich, wenn auch bedeutungsbedingte Ersetzungen stattfinden. Diese Ebene wollen wir die »prädikative Ebene« nennen. Auf ihr vollzieht sich die erste sprachliche Kodierung der Mitteilungsabsicht, und sie enthält alle wichtigen Bedeutungsinformationen. Die Elemente kommen mit ihren Markierungen für die Wortart (Verb, Adjektiv, Substantiv usw.) aus dem inneren Lexikon, sind aber in ihrer Reihenfolge noch nicht festgelegt (vgl. Garrett, 1975). Anders verhält es sich bei den Lautvertauschungen und beim Stranden. Die fraglichen Elemente (Stämme oder Laute), die in solche Vertauschungen eingehen, sind meist benachbart (wenn auch manche Forscher meinen, daß dieses Kriterium nicht so eindeutig ist). Insbesondere diese geringe Fehlerspanne weist darauf hin, daß Lautvertauschungen und Stranden im Vergleich mit den Wortvertauschungen und den bedeutungsbedingten Ersetzungen erst in einem späteren Stadium der Satzplanung entstehen. Auf dieser Planungsebene wird der grammatische Satzrahmen festgelegt, also die Reihenfolge und die Grenzen der Satzbestandteile. Spätestens ab diesem Stadium der Planung an geht alles sehr schnell, und die sprachlichen Elemente werden hauptsächlich nach ihrer Form analysiert. Formbedingte Ersetzungen sind auf diese Phase in der Sprachplanung zurückzuführen – auch dies eine von Meringers Konzeption abweichende Annahme über die Satzplanung. Sie erinnern sich sicher: Für Meringer gehörten inhalts- *und* formbedingte Ersetzungen zum selben Typ. Unsere Beobachtungen zeigen aber, daß auf dem Weg von einer Mitteilungsabsicht bis zu ihrer tatsächlichen Realisierung Bedeutung und Form in diesem Prozeß nicht zum selben Zeitpunkt bearbeitet werden. Das ist auch intuitiv einsehbar, denn bestimmte Formbeschränkungen sind ja ganz unabhängig vom Inhalt der Äußerung. So werden bei Lautvertauschungen zum Beispiel nur Elemente in derselben Silbenposition erfaßt:

(g) Silbenanfang: *naß vor Bleid*   für   *blaß vor Neid*
   Einzahlung bei allen Spanken und Barkassen   für   *Banken und Sparkassen*
(h) Silbenende: *Außerseitentum*   für   *Außenseitertum*
(i) Silbenmitte (Vokal): *spektukalär*   für   *spektakulär*

Auf dieser Ebene können überhaupt erst Eigenschaften von Lauten »berechnet« und damit auch vertauscht werden:

(j) *Mistörium*   für   *Mysterium*

Hier wird nämlich nur die Eigenschaft der Lippenrundung vertauscht, denn i/ü(y) und e/ö unterscheiden sich genau darin, daß die Lippen einmal ungerundet und einmal gerundet sind.

Das Phänomen des Strandens ist das Paradebeispiel dafür, daß Positionen im Satzrahmen bereits festgelegt sind:

(k) *ich weiß ja nicht, was da im Koch topf-t*   für   *Topf koch-t*

Die Elemente nämlich, die den Satzrahmen mar-
kieren, können nicht gleichzeitig von Fehlern betroffen sein, weil dadurch unter Umständen das
Satzmuster zerstört würde. In (k) kann das *t* nicht
mitgenommen werden, weil es die Grenze des
Verbalausdrucks angibt. Es kann also nicht *was da
im Kocht topf* entstehen.

Antizipationen und Postpositionen

Irrtümer mit vergleichbaren Formbeschränkungen sind auch die Antizipationen und Reiteratio-
nen:

(a) *er hat sich aus der Apatsche gezogen*   für   *Patsche*
(b) *in der Schnegel geht es schneller*   für   *Regel*
(c) *Edelstahlkopftopf*   für   *Edelstahlkochtopf*
(d) *diese typlich weiblichen Eigenschaften*   für   *typisch*
(e) *manche Leute wollen ihre Kanalisation kanalisieren*   für
     Frustration
(f) *auch Boris Bepper, da sag' ich Bepper, Boris*   für   *Becker hat
     keine Schwierigkeiten*
(g) *geschlossene Lüste*   für   *Liste*
(h) *Stoßstämpfer*   für   *Stoßdämpfer*
(i) *Geld zur Verfügung zu verstellen*   für   *stellen*

(g) ist wieder ein Beispiel dafür, daß wir bei der
Satzplanung ziemlich abstrakte Einheiten verwenden, denn hier klingt nur die Lauteigenschaft der
Lippenrundung nach. Wir können auch sagen, daß
sich diese Eigenschaft über die Vokalfolge ausbrei-

tet. Da Antizipationen/Postpositionen wie die formbedingten Vertauschungen und das Stranden die konkrete Reihenfolge von Satzbestandteilen betreffen, entstehen sie vermutlich zum gleichen Zeitpunkt der Planung. Diese Formebene nennen wir die positionale Ebene.

Kontaminationen: *eine Versprecherklasse, die uns so lieb gewonnen ist*

Verschmelzungen von Redewendungen (a)/(b) und Verschmelzungen von Wörtern (c)/(d):

(a) *was sich auch bei Kontaminationen passiert* für *was sich ... ereignet* bzw. *was bei Kontaminationen passiert*

(b) *Beispiele aus den Haaren saugen* für *aus den Fingern saugen* bzw. *an den Haaren herbeiziehen*

(c) *das ist ja echt 'ne tolle Kitsche da draußen* für *Kiste* bzw. *Kutsche* [gemeint ist ein Auto]

(d) *das ist aber niet* für *nett* bzw. *lieb*

sind ein besonders kapriziöser Versprechertyp, weil sie für unser gewöhnlich zügig arbeitendes Planungssystem eigentlich eine große Belastung darstellen müßten. Da sie aber recht häufig auftreten und zu keiner merklichen Zeitverzögerung führen, muß unser Planungsapparat offenkundig problemlos mit ihnen umgehen können. Wie wir gesehen haben, werden zwei Wörter oder Redewendungen, die unsere Gedanken gleichermaßen angemessen kodieren, im inneren Lexikon aktiviert, und beide werden abgerufen. In dieser Hinsicht gleichen sie Ersetzungen; nur wird nicht *eine*, sondern es werden zwei sprachliche Einheiten bereitgestellt, statt daß eine unterdrückt wird. Diese beiden Wörter oder Versatzstücke werden einen langen Weg »mitgeschleppt«, bis es zur Kompromißbildung kommt. Daß dies wirklich zutrifft, sieht man an manchen Korrekturversuchen:

(e) *als ich einmal bei dir genachtet, ne, überschlafen habe*

Hier werden nämlich die »Reste« der beiden sprachlichen Einheiten sozusagen aufgebraucht, so als ob das Planungssystem sich ihrer entledigen müsste; oder anders formuliert: Auch die »Reste« sind ja aktivierte Teile im Lexikon und stehen daher der Sprachplanung noch zur Verfügung. Allerdings kommen solche Kontaminationen mit Restpostenverbrauch recht selten vor (zumindest in meiner Sammlung).

Die Kompromißbildung kann zwei Muster haben, linear: A/B (a)/(c)/(e) oder verschachtelt: A/B/A (b)/(d). Gewöhnlich setzt sich die komplexere der beiden Formen durch. Auch dies scheint für unseren Sprachplanungsapparat nicht besonders belastend zu sein. Die Bruchstelle teilt also die beiden Formen in zwei Hälften, oder wir finden zwei Bruchstellen, wobei Teile der ersten Form links und rechts von Teilen der zweiten Form liegen. Häufiger sind A/B-Verschmelzungen. Hier noch zwei Beispiele:

(f) *im Mittelgrund* für *Mittel* [A] | *punkt* bzw. *Vor-der* | [B]*grund*

(g) *ich hab' in den sauren Apfel gewilligt* für *ich hab' in den sauren Apfel ge*[A] | *bissen* bzw. *ich habe einge* | [B] *willigt*

Insbesondere verschachtelte Verschmelzungen finden wir auch sonst im Sprachgebrauch: *es war in der Nacht muß das gewesen sein* oder *und dann bringt se misch bis in die Stubb rein bringt se misch*. Auch diese Verschmelzungen werden wie ein Satz geäußert, ohne Pause, sind also keine Korrekturversuche oder Abbrüche mit folgendem Neubeginn. Interessant ist hier, daß jeweils ein Satzteil (*in der Nacht* bzw. *bis in die Stubb rein*) zu A und zu B gehört. Sogar als stilistische Mittel werden sie verwendet. So schreibt zum Beispiel Schiller in *Wilhelm Tell: was sein Pfeil erreicht, das ist seine Beute, was da kreucht und fleucht*. (Der Genauigkeit halber: in der Bühnenfassung; und die rhetorische Figur heißt Apokoinu.) Die bewußte Verwendung dieses stilistischen Mittels in der Literatur spiegelt offenbar das, was Sprecher ganz unbewußt, natürlich und ohne Mühen in ihrem sprachlichen Alltag tun. Vermutlich sind alle eben aufgeführten Fälle Varianten eines allgemeinen Satzverschränkungsmusters.

Kontaminationen stellen die obere Grenze dessen dar, was unser Sprachplanungssystem bewältigen kann. Mehr als zwei komplexe sprachliche Einheiten können nämlich nicht gleichzeitig bearbeitet werden.

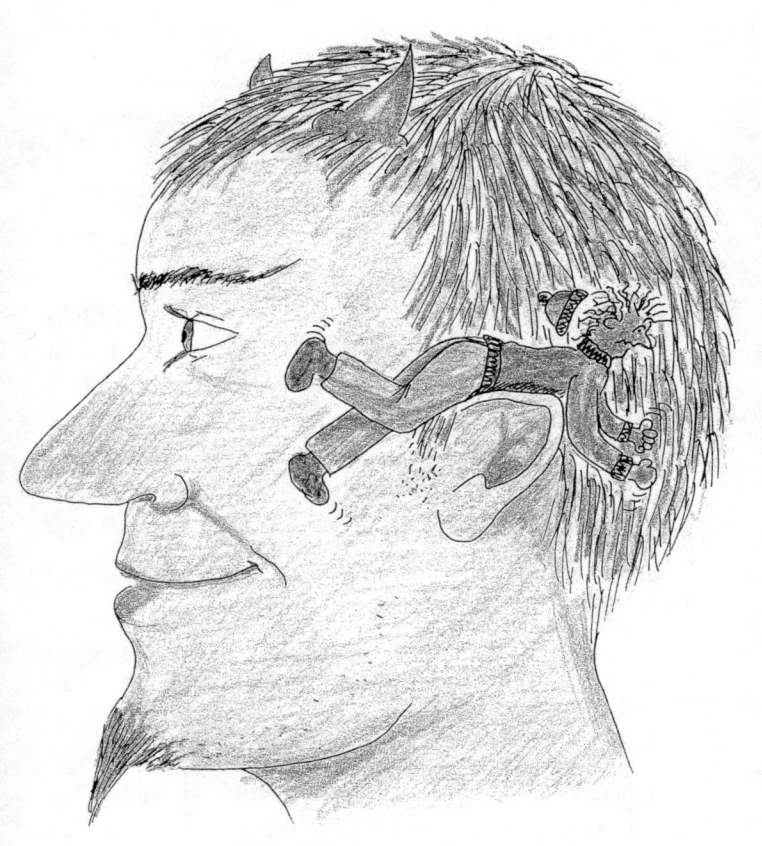

Jemanden übers Ohr legen

Versprecher in zwei Schritten:
Grammatische und lexikalische Kontrolle

Kontaminationen wie

(a) *das ist wirklich ein dickes Stück* für *dicker Hund* bzw. *starkes Stück*

illustrieren, wie mächtig unsere Sprachkenntnis ist. Wir haben bereits darüber gesprochen und wollen dies im Lichte unserer neuen Erkenntnisse ein wenig detaillierter betrachten. (a) ist zwar eine lineare Verschmelzung der Form A/B, aber es entsteht nicht *das ist wirklich ein dicker Stück*, sondern das Adjektiv wird an *Stück* aus B grammatisch angepaßt. Vergleichbares gilt auch für die folgenden Versprecher:

(b) *und das war das Faß, das den Tropfen zum Überlaufen brachte* für *und das war der Tropfen, der das Faß zum Überlaufen brachte*

(c) *gemonatete Arbeiten* für *gearbeitete Monate*

Bei (b) liegt eine Wortvertauschung in zwei Schritten vor: *Tropfen* und *Faß* werden vertauscht, es kommt aber nicht zu der ungrammatischen Form *und das war der Faß, der das Tropfen zum Überlaufen brachte* (erster Schritt), denn nach der Vertauschung werden die bestimmten Artikel an ihre neue Umgebung angepaßt (zweiter Schritt).

Bei (c) handelt es sich um ein Stranden, der Plural bleibt zurück. Es entsteht aber nicht *gemonatete Arbeite*, sondern nach der Fehlplanung findet eine Anpassung des Plurals (und des Genus) für *Arbeit* ganz regulär statt.

Schon Meringer machte folgende interessante Beobachtung: »*Schimmelsenkel* statt *Schinkensemmel*. Man sollte in diesem Fall erwarten *Schimmensenkel*; Beeinflussung durch *Schimmel*!« (Meringer/Mayer, 1895, S. 23) Dies ist in unserer Argumentation ebenfalls ein Beispiel für einen zweischrittigen Versprecher wie in den folgenden Beispielen:

(d) *durch die Kutsche latschen* für *durch die Küche latschen*
(e) *Platztante* für *Tanzplatte*

Intuitiv ist klar, daß (d) eine Vorwegnahme der Lautfolge *tsche* und (e) eine Lautvertauschung ist, aber auch, daß noch etwas anderes passiert ist. Die Antizipation hätte ja ergeben müssen *durch die Kütsche latschen* und die Vertauschung *Planztatte*. Hier sieht man, wie die Komponenten der Sprachplanung zusammenwirken: Planung der Abfolge, Information über den Lautbestand und ein Kontrollmechanismus, der das Lexikon danach absucht, ob es ein reales Wort gibt, das zu der entstandenen Form lautlich ähnlich ist. Wenn diese Suche problemlos möglich ist, wird dieses Wort in die Äußerung eingesetzt, also nicht *Planztatte* oder *Kütsche*, sondern *Kutsche* und *Platztante*. Letztere sind ja Wörter des Deutschen und in unserem Lexikon gespeichert. Wir nennen diesen Sprachplanungsmechanismus die »lexikalische Kontrolle«. Sie ist allein auf Einzelwörter bezogen und garantiert nicht etwa, daß die *gesamte* Äußerung einen Sinn ergibt (vgl. (d)).

Die lexikalische Kontrolle läßt sich auch experimentell belegen. Gibt man beispielsweise englischsprechenden Testpersonen zur Wahrnehmung Folgen wie *legi* Husten *lature*, so geben alle an, sie hätten *legislature*, also ein komplettes Wort, mit einem Husten im Hintergrund gehört. Tatsächlich kam ja aber das *s* nicht vor. Das Hören von sprachlichen Einheiten ist also auch ein lexikalisch gesteuerter Prozeß (vgl. Arbeitsgruppe, 1989). Versprecher wie *da gibt's ja auch so einen fliegenden Spruch* statt *geflügeltes Wort* zeigen überdies, daß bei der Sprachplanung sprachliche Ausdrücke detailliert analysiert werden, und zwar hinsichtlich ihrer Bedeutung und ihrer Wortstruktur. Auch dies muß unser inneres Lexikon leisten. Dies macht deutlich, wie aufwendig unsere Sprachplanung organisiert ist. Daß sie dennoch so schnell und so mühelos vonstatten geht, grenzt an ein Wunder.

Lautliche Versprecher führen jedoch nicht immer zu Wörtern der jeweiligen Sprache. Lexikalische Kontrolle ist ein Mechanismus, der erklärt, daß Formen, die durch Fehlplanung entstanden sind, gelegentlich mit tatsächlich vorkommenden Wörtern verglichen werden. Die Aufgabe der lautlichen Kontrolle ist es zu garantieren, daß sprachliche Fehlleistungen zu Lautkombinationen führen, die vom Sprachsystem zugelassen sind. Daher findet man nahezu nie etwa eine Vertauschung wie *ich nehme Stlips und Schock* für *ich nehme Schlips und Stock.*

Wir können also folgende drei Kontrollmechanismen unterscheiden: die *grammatische Kontrolle*, die zum Beispiel die vertauschten Wörter an ihre neue Umgebung anpaßt, die *lautliche Kontrolle*, die garantiert, daß Versprecher mögliche Lautkombinationen sind, die *lexikalische Kontrolle*, die manchmal aus Versprechern entstandene Formen durch existierende Wörter ersetzt.

Die beiden ersten Kontrollverfahren, die grammatischen Regularitäten nämlich, sind im Sprachplanungsprogramm immer enthalten, daher »kostenlos«. Der dritte Kontrollmechanismus muß gesondert aufgerufen werden und ist daher aufwendiger als die beiden anderen. Versprecher, die so entstehen, sind daher erwartungsgemäß auch seltener.

*Nonsinns*wörter oder Gibt es Freudsche Versprecher?

Fester Bestandteil unserer Alltagspsychologie ist die Annahme, daß viele unserer Versprecher Freudsche Versprecher sind, also Fehlleistungen, die etwas zum Vorschein bringen, das der Sprecher eigentlich lieber verborgen hätte, oder bei denen »die Redeabsicht sich in ihr Gegenteil verkehrt« (Freud, 1904, S. 79). So zum Beispiel, wenn von der bereits erwähnten *geschlossenen Lüste* die Rede ist; Freud diskutiert dies in seiner »Psychopathologie des Alltagslebens« anhand eines von Meringer notierten Versprechers: »Man erinnert sich wohl noch der Art, wie vor einiger Zeit der Präsident des österreichischen Abgeordnetenhauses die Sitzung *eröffnete*: ›Hohes Haus! Ich konstatiere die Anwesenheit von soundsoviel Herren und erkläre somit die Sitzung für *geschlossen!*‹ Die allgemeine Heiterkeit machte ihn erst aufmerksam, und er verbesserte den Fehler. Im vorliegenden Fall wird die Erklärung wohl diese sein, daß der Präsident sich *wünschte*, er wäre schon in der Lage, die Sitzung . . . zu schließen.« (Freud, 1904, S. 54)

In den seltensten Fällen ist nach Freud die Beschaffenheit des sprachlichen Materials der Grund für Versprecher: *Verhängnisverhütung* müßte daher durch die negative Einschätzung des Sprechers verursacht sein, nicht durch die Antizipation von *ver*.

Freuds Deutungen beruhen auf dem Verfahren der Assoziation. Der Sprecher soll alle Gedanken, die ihm zu seinem Versprecher in den Sinn kommen, angeben, bis Analytiker und Klient gemeinsam zu einer Deutung gelangen. So ist im Prinzip jeder Versprecher durch eine Kette von Motiven, Gedanken, Wünschen oder ähnlichem motiviert.

Bei der Würdigung eines solchen Vorgehens sollten meines Erachtens verschiedene Aspekte auseinandergehalten werden:

- außersprachliche Motiviertheit des Versprechers
- unbewußte Motive
- Gedanken, denen man beim Sprechen nachhängt
- Deutungsverfahren und Zuverlässigkeit der Assoziationen
- Struktur der Komponenten des Sprachplanungssystems
- Sinnhaftigkeit der Versprecher

Angenommen, man läßt den Klienten in seinen Assoziationen ungehindert fortfahren, dann wird sein freies Sinnieren vermutlich fast jeden Inhalt hervorbringen, dessen er sich zumindest nicht kürzlich bewußt war, also auch nicht zum Zeitpunkt des Versprechens (vgl. Grünbaum, 1988). Aber die Assoziationen der Klienten brechen aus einem ganz äußerlichen Grund ab, weil nämlich eine Analysesitzung auf eine bestimmte Zeit begrenzt ist. Auch haben Untersuchungen gezeigt, daß Assoziationen von den Vorlieben des Analytikers abhängig sind. Freudsche Versprecher sind also offenkundig vor allem solche, die der Zuhörer aufgrund seiner eigenen Verfaßtheit feststellt.

Situationen und Gedanken, auch verborgene Wünsche?

(a) *Gestern habe ich einen tollen Auspuff geprägt* für *Ausdruck*

Ich dachte noch an den Verkauf meines Autos, aber daß ich nicht zum Beispiel *Verkauf* oder *Auto* gesagt habe, hat gerade nichts mit meinem Gedanken, sondern mit den Organisationsprinzipien meines mentalen Lexikons zu tun, in dem *Ausdruck* und *Auspuff* in ihrem Lautbestand, ihrer Silben- und Wortstruktur sehr ähnlich sind.

Vergleichbares gilt für den Sprecher, der von einem aufdringlichen Verkäufer in einem Möbelgeschäft gefragt wird, was er denn kaufen wolle: *Ach ich möchte mich lieber erst einmal etwas umsitzen* für *umsehen.* Hier hat der Gedanke an ein zweisitziges Sofa den Versprecher begünstigt. Aber ganz sicherlich wird kein verbotener Gedanke zutage gefördert! Selbst wenn Gedanken die korrekte sprachliche Ausführung einer Äußerung stören, so ist doch das Sprachsystem der Filter, durch den selbst vermeintlich Verborgenes geht. Wie aber, wenn Gegensätzliches beim Versprecher ans Licht kommt, wie im obigen Zitat? Gegensätzliches hat etwas mit Negation zu tun, wie in

(b) *den ganzen Anfang haben wir leider nicht verpaßt*

Wir wissen es jetzt: (b) ist bloß eine Verschmelzung zweier Redewendungen *(den ganzen Anfang haben wir leider nicht mitbekommen* bzw. *haben wir leider verpaßt).* Obwohl hier also etwas geäußert wird, was im Gegensatz zum beabsichtigten Inhalt steht, hat dies nichts mit zu verbergenden Motiven, sondern mit normalen Sprechfehlern zu tun. Nur zufälligerweise enthält die Kontamination aus einem Teilstück eine Negation. Punktum. Vergleichbares gilt auch für Wortgegensätze. Am Beispiel der bedeutungsbedingten Ersetzungen haben wir ja bereits gesehen, daß gegensätzliche Konzepte im

Kannibal und Liebe

Lexikon benachbart sind und daher die Wahrscheinlichkeit, daß das Gegenteil von dem, was man sagen will, aktiviert wird, recht groß ist.

Jemandem einen Freudschen Versprecher anzuhängen verrät somit meistens mehr über den Möchtegernvoyeur, den Hörer nämlich, als über den Sprecher selbst. Offenkundig liegt dies auch daran, daß sich die Hörer auf alles einen Reim machen wollen. Daher versuchen sie, einen Sinnzusammenhang herzustellen. Nur: Sie haben dabei höchstens Zugang zu den bewußtseinsfähigen Informationen, die aber mit den Strukturen von Versprechern zumeist nur unwesentlich zu tun haben.

In Versprechern verdichteten sich, so Freud, die unbewußten Motive. Aus linguistischer Sicht ist es jedoch genau umgekehrt, denn im Lexikon verdichtet sich unser Weltwissen auf bestimmte sprachlich relevante Informationen. Das Lexikon ist sozusagen eine Kurzform der äußerlichen Sachverhalte. Daß es von Mensch zu Mensch in Grenzen lexikalische Variationen gibt, sei unbestritten – ansonsten gäbe es die Versprechervielfalt ja gar nicht. Zur Stützung dieses Arguments noch eine Beobachtung: Bestimmte Bezeichnungen sind im inneren Lexikon leichter zugänglich als andere, so zum Beispiel der übergeordnete Begriff *Hund* im Gegensatz zu *Pudel, Collie* usw. Kinder erwerben die allgemeineren Benennungen früher. Überdies sind Bezeichnungen für typischere Exemplare einer Gattung sogar unter schweren Sprachstörungen noch erhalten, also: *Amsel* eher als *Pinguin*! Sprachgestörte Menschen können diese verschiedenen Vögel sehr wohl unterscheiden, es fehlen ihnen aber öfter die Namen für die weniger typischen Exemplare. Diese Beziehungen (übergeordnet/untergeordnet; typisch/speziell u. a.) sind in unserem Lexikon abgespeichert, so daß Freudsche Versprecher in Wirklichkeit nur die üblichen Organisationsprinzipien des sprachlichen Lexikons ausnutzen. So gesehen darf man eigentlich von Freudschen Versprechern nicht mehr reden!

Schließlich möchte ich noch folgendes zu bedenken geben: Auch wenn die in diesem Buch vorgelegte Sammlung von Versprechern etwas anderes nahelegen mag, die meisten Versprecher führen nicht zu Wörtern, die zum Vokabular der jeweiligen Sprache gehören. Nur tatsächlich existierende Formen haben im strikten Sinne auch eine Bedeutung, denn welche Bedeutung könnten die folgenden Fehlleistungen haben:

(c) *ich habe einen schönen Vermorgen verbracht*   für   *Morgen*
(d) *Freit geht sogar so weit*   für   *Freud*
(e) *hüstorischer*   für   *historischer*
(f) *in der Schnegel geht es schneller*   für   *Regel*

Wir wissen, daß alle Versprecher der grammatischen und einige zusätzlich einer lexikalischen Kontrolle unterliegen. Für das Sprachplanungssystem reicht es im Prinzip aus, daß die entstehenden Formen mögliche Lautkombinationen sind. Nur wenn alle Fehlleistungen lexikalisch kontrolliert wären, erhielte Freuds Argument von seiten der Psycholinguistik Bestärkung. Dies ist aber nicht der Fall. Es reicht im übrigen nicht aus, daß durch lautliche Fehlplanungen zufällig neue Wörter entstehen. Und weder die Wirkweise des Sprachplanungssystems noch die grammatischen Beschränkungen sind dem Bewußtsein in irgendeiner interessanten Hinsicht zugänglich; welcher Sprecher wüßte wohl, daß lautliche Merkmale sich über eine Vokalfolge ausbreiten können, wie dies in (e) der Fall ist?

Mir scheint, da muß man noch *ein ernstes Hühnchen mit all jenen rupfen*, die unverdrossen an die Existenz Freudscher Versprecher glauben.

Korrekturen *nicht beim ersten Anhieb*

Gelegentlich, aber nicht immer, werden Versprecher vom Sprecher oder vom Hörer bemerkt. Und gelegentlich kommt es dann zu Korrekturen von seiten des Sprechers, sogenannten Selbstkorrekturen. Der bloße Hinweis des Hörers auf einen Versprecher oder gar Fremdkorrekturen sind Reaktionen von geringer sozialer Akzeptanz. Mir scheint, daß ein Großteil unserer Identität davon abhängt, wie wir uns sprachlich ausdrücken. Werden wir nun von jemandem darauf aufmerksam gemacht, daß unser Sprechen fehlgeleitet war, empfinden wir dies wie eine Kritik an unserer Persönlichkeit.

Während unsere Sprachplanung ganz unbewußt vonstatten geht und daher auch Versprecher, die mehr als ein Wort umfassen, ohne Pause als ganze ununterbrochene Einheit hervorgebracht werden – so, als ob alles in Ordnung sei –, enthalten Korrekturen immer eine Pause, eine pausenfüllende Bemerkung oder einen Kommentar wie zum Beispiel *äh, ach nein, ich meine* zu dem gerade bemerkten Versprecher. Korrekturen sind aber nicht immer von Erfolg gekrönt und folgen demselben Muster wie unbewußt entstandene Versprecher:

(a) *Stohnsteuerkarte, ach nein, Lohnleuerkarte* für *Lohnsteuerkarte*

Dieser Versprecher ist zunächst eine Vorwegnahme der Konsonantenfolge *st*, die Korrektur führt aber wieder zu einem Versprecher, zu einem Nachklang des korrigierten Silbenanfangs, während bei

(b) *Lathans Nessing, äh, Nessings Lathan*

ein ziemlicher Kuddelmuddel hervorgebracht worden ist.

Durch die Korrektur entsteht gelegentlich ein Satzplanungsabbruch mit Neubeginn:

(c) *ich komme wegen Ihnen, äh, zu Ihnen, weil wir die Prüfungsthemen besprechen müssen*

Der Sprecher wollte ja erst sagen: *Ich komme zu Ihnen wegen der Prüfungsthemen*, antizipiert *wegen* und fährt nach der Korrektur mit einem neuen Satzmuster fort.

In den folgenden Fällen gelingt die Korrektur, wenn auch mit Mühen:

(d) *wenn du mir einen Schnerzartikel, hihi, Schnerzartikel ist gut, also, wenn du mir einen Schmerzartikel – einen Scherzartikel kaufen willst, dann nicht den Schneemann oder das Liebesmesser*

(e) *nerve die Nahrung, äh, nähre die Nervung, äh, nähre den Nerv*

Nur etwa 25 % der Versprecher aus meiner Sammlung werden vom Sprecher korrigiert beziehungsweise bemerkt, alle anderen fügen sich als normale Äußerungen in die Alltagskommunikation ein. Daß ich sie notiere, liegt an meiner eigentümlichen Leidenschaft, wobei selbst ich nicht sicher sein kann, daß mir alle Fehlgriffe auffallen, meine eigenen bestimmt nicht. Der Produzent eines Versprechers ist nämlich meist der festen Überzeugung, seine Botschaft wohlbehalten überbracht zu haben, und beim Hörer kommt diese auch so an, das heißt, er korrigiert den Versprecher unbewußt. Das liegt daran, daß Sprecher und Hörer über dasselbe Sprachwissen verfügen, im Prinzip auf dasselbe Lexikon zurückgreifen können und ihre Äußerungen denselben Beschränkungen gehorchen; daher werden sowohl inhaltliche als auch formbedingte Versprecher unbewußt richtiggestellt, eine

fantastische Leistung der menschlichen Sprach-
fähigkeit!

Versprechervirus

Wie recht hat doch hier der Sprecher: *Ich zerspreche
mich in letzter Zeit sehr viel!* Wir wissen inzwischen
ja, daß Sprechen auf unbewußten Vorgängen beruht. Ein Innehalten bei einer Korrektur läßt uns
ein Stück unseres fein strukturierten Sprachplanungssystems möglicherweise bewußt werden.
Aber diese Situation ist nicht ohne Tücken. Zum
einen sind wir auch beim Korrekturversuch nicht
vor Versprechern geschützt, zum anderen sind bewußte Eingriffe auch mögliche Störfaktoren des
ansonsten ganz natürlichen Sprechvorgangs. Ja,
darüber hinaus sind sogenannte metasprachliche
Äußerungen, also Urteile über unser Sprechen
selbst, ebenso versprecheranfällig wie Äußerungen über die Gegenstände und Ereignisse der Welt,
wie obiges Beispiel ebenso belegt wie dieses hier:
*Seit ich das immer hör', versprech' ich mich viel früher als
öfter.* Sogar das Reden über einen Versprecher kann
wieder zu einem Versprecher werden: Jemand will
über den Versprecher *der erste fleischliche Weibergeselle* berichten und sagt: Stell dir vor, was für einen
Versprecher ich gehört habe: *der erste leibliche Fleischergeselle!* Schließlich kann das Bemerken und die
Korrektur eines Versprechers zu einem fast voll-
ständigen Zusammenbruch führen, so daß es ei-

gentlich empfehlenswert wäre, erst einmal überhaupt nichts mehr zu sagen. Ein beeindruckendes Beispiel ist die folgende Ansage aus dem Rundfunk: *Sie hörten die h-mess-Molle, Verzeihung, die h-moss-Melle, ich bitte sehr um Entschuldigung, die h-Moll-Messe von Johann Sebaldrian Bach, ich häng' mich auf!* Eine noch größere Katastrophe die Erklärung unseres ehemaligen Postministers zu einer neuen Gebührenregelung, die ich in Ausschnitten hier wiedergebe.

Vorgelesen: *Zur Angleichung des Tarifniveaus in Ost und West soll auch gehören, daß künftig alle Telefonkunden in den alten und neuen Bundesländern einheitlich 10 freie Gebühren* (1. Versprecher) *äh, Einheiten erhalten* (Korrektur gelingt, und dann wirkt der Versprecher-Virus): *Das bedeutet 2 Mark 30 zusätzlich Verbilligung für äh* (2. Versprecher, Sprecher liest nun nicht mehr vor, sondern versucht, frei zu sprechen), *also für die sprechenden Menschen* (3. Versprecher) *in den neuen Telefon* (4. Versprecher) *in den, äh, neuen, Entschuldigung* (Korrekturversuch), *zusätzlich 2 Mark 30 für diejenigen, die Verkehr machen* (5. Versprecher, der erwartungsgemäß zu einem Lachausbruch der Zuhörer führt). *Es gibt ja auch solche . . .* Und das war dann das Faß, das den Tropfen zum Überlaufen brachte!

Ich hab' hier noch drei Fallbeile.

Sonderfälle

Seltener, weil durch das sprachliche Material weniger motiviert, treten Tilgungen von Lauten, Silben, Wortbestandteilen oder Wörtern auf wie in

(a) *Bockenkarte* für *Bockenheimer Bücherwarte*
(b) *Publistik* für *Publizistik*
(c) *die Vergesellung* für *Vergesellschaftung*
(d) *longball, äh, longline Passierball*
(e) *die Neuverschuldung des Bundes soll 39 Mark nicht über-
schreiten* für *39 Milliarden Mark*

Als ich vor Jahren letztere Nachricht hörte, dachte
ich, da könnte doch fast jeder das Loch im Bundes-
haushalt problemlos stopfen!

Zwei Sprachen

Die zweisprachig aufwachsende Tochter eines
Kollegen teilte ihren Eltern, nachdem sie an der
Tür nachgesehen hatte, wer geklingelt hatte, mit:
Da ist ein body an der Tür! Sie hat *somebody* in seine
Bestandteile Deutsch-Englisch aufgelöst. Solche
Mischformen, die während des Erwerbs zweier
Sprachen auftreten, nennt man in der Spracher-
werbsforschung Interferenzen. Etwas ähnliches
kommt auch bei Versprechern vor, obschon die
Produzenten die zweite Sprache erst in der Schule
erworben haben:

(a) Kontamination: *Er spielt ein ausgezeichnetes Procentage-Tennis* für *Prozent* bzw. *percentage*

(b) Wortkontamination: *im 2. Stoor* für *Stock* bzw. *Floor*

(c) Übersetzende Postposition eines Wortes: *weil das nur für die Basic Beat Rule eine Regel spielt* für *Rolle*

(d) Postposition eines Worts mit Korrektur: *es geht um die Um-line-, äh, On-line-Verarbeitung*

(e) Postposition der Aussprache: *Basic Beat Rigel* für *Regel*

(f) Antizipation mit Korrektur und Virus: *wir haben uns diesen Fisch, diesen Film, angecalled »A fish called Wanda«* für *wir haben uns diesen Film angesehen*

Die Sprachplanungsmuster sind bei zweisprachigen Versprechern denen einsprachiger Fehlleistungen völlig vergleichbar. Wie wir aber erklären können, daß zwei unterschiedliche Sprachen mit ihren jeweils eigenen Regelsystemen gleichzeitig abgerufen werden können, liegt zwar noch völlig im dunkeln, spricht aber dagegen, daß die Zweitsprachen völlig anders oder an anderer Stelle im Gehirn abgespeichert sind!

Kindliche Versprecher

Sprachliche Fehlgriffe kommen vor, wenn Sprecher ihre Sprache beherrschen, im Normalfall also erst nach abgeschlossenem Spracherwerb. Versprecher setzen ja sprachliche Regeln voraus. Nun zeigt sich von Beginn des Spracherwerbs an, daß auch noch ganz unvollständige Sprachkenntnis immer Regelkenntnis ist. Kinder erwarten ein regelhaftes System und versuchen, ausnahmslos regelgeleitet zu sprechen. Dies übrigens, obwohl sie oft die entsprechenden Wörter nicht gehört haben können. Natascha sagte *Verbrauchung*, gebildet nach dem sonst gültigen Muster »Verb + *ung* macht Substantiv« (wie beispielsweise in *Verteilung*). Kinder bezeichnen nach dem Muster *kariert* einen Rock mit Blumenmuster als *blümiert*, und ganz kreativ nannte Natascha eine Bluse *rückknöpfig*. Der Versprecher *Nerve die Nahrung, nähre die Nervung* illustriert, daß auch Erwachsene vor einer solchen Überanwendung von Regeln nicht gefeit sind. Wegen dieser frühen Regelgeleitetheit ist zu erwarten, daß auch Kinder sich versprechen. Saskias Sprachverhalten bestätigt unsere Vermutung. Saskia ist 3¾ Jahre alt.

(a) Vertauschung: *uh, ich hab' Auge im Sand*
(b) Tilgung: *ich hab' auch larme Füße*   für   *lauwarme*
    Tilgung mit Selbstkorrektor im Dialog:
    Der kleine Bruder Tilman: *Apfelsasa (Apfelwasser*   für
    Apfelsaft mit Wasser)
    Saskia: *Auch Apfel mit Wasser. Auch Apfelsaft mit Wasser*
(c) Kontamination: *Mama, hilf mir neicht*   für   *nein*   bzw.
    nicht
    Mama: *Im Zirkus hast du zwei Packungen Apfelsaft getrunken.*
    Saskia: *dahause auch*   für   *daheim*   bzw.   *zu Hause*
(d) Antizipation mit Selbstkorrektur: *im bes – im Bett war eine Maus, und die deschichte is aus*
    Im Brentanos, im Brentanobad gibt auch ne Rutsche
    Mama: *wir machen mal nen Fantasieraben*

Saskia: *Fantarieraben gibt's doch nicht. Fantasieraben haben
wir noch nich gesehen*

(e) Postposition mit Selbstkorrektur: *Des Klo soll sön sauber
solln. Des Klo soll sön sauber sein*
Postposition im Dialog mit Selbstkorrektur:
Mama: *damit du schön warm steckst*
Saskia: *Und der pa-pulli kommt ins Röckchen*

(f) Bedeutungsbedingte Substitution: *da will ich lesen* für
schreiben
Ich will Strümpfe anziehen so von Weihnachten für *Ostern*
Bedeutungsbedingte Substitution mit Selbstkorrektur:
nachher – früher muß man vorlesen

(g) Fremdkorrektur (Mama verspricht sich):
Mama: *so, jetzt mußt du wieder neue Samen – Futterkörner
ziehen*
Saskia: *du hast »Samen« gesagt* (Saskia beanstandet fremde
Versprecher; sie beherrscht zumindest Teile des Sprach-
systems, weiß aber noch nicht, daß Fremdkorrekturen
kommunikative Fehltritte sind.)

Wie sehr die Sprache im Zentrum des kindlichen
Interesses steht, zeigen natürlich insbesondere die
vielen Selbstkorrekturen von Saskia.

Sprachplanung im Modell:
eins nach dem anderen

Planung eines Satzes heißt zunächst nicht mehr
und nicht weniger als dies: Ein nicht sprachlicher
Gedanke will eine sprachliche Form finden. Ich
habe skizzenartig versucht, den komplexen Zusammenhang von Grammatik, linearen Mustern
sprachlicher Äußerungen, Lexikon und den Kon-

trollmechanismen, die entstehende Fehlplanungen überprüfen, darzustellen. Nur die Kontrollmechanismen können innerhalb der Sprachplanung phasenübergreifend arbeiten, insbesondere kann das lexikalische Kontrollmodul Einheiten auf der positionalen Ebene herausnehmen und mit Einträgen im inneren Lexikon vergleichen. Im Modell (vgl. auch Graphik auf S. 131) sieht dies ungefähr so aus: Unsere Analyse der Versprecher erzwingt fast die Annahme, daß die Sprachplanung völlig geordnet vonstatten geht, von der Bedeutung bis hin zu den Anweisungen an die Sprechwerkzeuge. Über die einzelnen Schritte und ihre Begründung haben wir uns einige Gedanken gemacht. Mit diesem Sprachplanungsmodell können wir recht genau angeben, auf welchen grammatischen Bereich sich ein Versprecher bezieht und zu welchem Zeitpunkt der Planung er entstanden ist. Unsere Überlegungen gelten natürlich nicht nur für Versprecher, sondern für die gesamte, normalerweise ja fehlerfreie Sprachplanung. Versprecher sind nur das Fenster, durch das wir die verschiedenen Ausschnitte aus dem Sprachplanungsapparat ziemlich genau erkennen können. Die psycholinguistische Erklärung geht also in beide Richtungen: Zum einen können wir recht genau diagnostizieren, was bei einem Versprecher passiert ist, zum anderen ist die Beschaffenheit des Sprachplanungsapparats die Grundlage für die Beschreibung der Sprachplanungsprozesse.

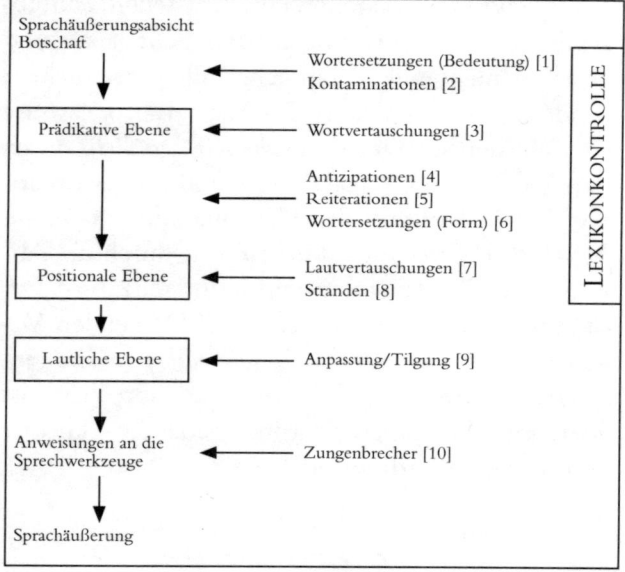

Das hier vorgelegte Modell der Sprachproduktion zeigt, auf welcher Ebene wir welche sprachlichen Strukturen »berechnen«; kommt es in der »Berechnung« zu Fehlern, dann entstehen Versprecher. [1]: *Damit kommst du auf keinen grünen Baum* für *Zweig*. [2]: *da muß ich noch ein ernstes Huhn mit ihm rupfen* für *ein ernstes Wort reden* bzw. *ein Hühnchen rupfen*. [3]: *eine Theorie ist eine Grammatik des Wissens* für *eine Grammatik ist eine Theorie des Wissens*. [4]: *die Franken waren des Lebens und Schreibens nicht mächtig* für *Lesens*. [5]: *ich glaube, mich knutscht ein Knekel* für *Ekel*. [6]: *inzwischen hat die Polizei über Taxifunk Kontakt zu dem Versprecher* für *Verbrecher*. [7]: *die hat an jedem Zinger fehn* für *die hat an jedem Finger zehn*. [8]: *so einen wie den pfeif' ich doch in der Rauche* für *so einen wie den rauch' ich doch in der Pfeife*. [9]: *und das war das Faß, das den Tropfen zum Überlaufen brachte* für *das war der Tropfen, der das Faß zum Überlaufen brachte*. [10]: *die Katze tritt die Kreppe krumm* für *Treppe*.

131

Unbewußte Zungenbrecher entstehen demgemäß im Sprachplanungsprozeß sehr spät und erfassen nicht wie Versprecher alle sprachlichen, sondern nur bestimmte Formen: Beispielsweise entsteht der Störfaktor bei *she sells sea shells* durch den Wechsel der Vokale *i-e-i-e* und die davon abweichende Abfolge der Konsonanten *sch-s-s-sch*, bei *Fischers Fritz fischt frische Fische* durch die Abfolge der Konsonanten(verbindungen) *f-fr-f-fr-f*, die im Widerspruch zu den gleichbleibenden Vokalen steht. Daher handelt *Die sollen so Zungensprecher nachsprechen* zwar von Zungenbrechern, ist aber ein Versprecher. Eine genauere Theorie hierzu steht allerdings noch aus.

Zu guter Letzt

Zunächst schien jeder Versprecher sich vom anderen unverwechselbar zu unterscheiden. Bis zu einem gewissen Ausmaß stimmt dies natürlich, so wie es zutrifft, daß keine Äußerung der anderen gleicht. Wir haben aber gesehen, daß Sprecher weder die Möglichkeit haben, frei von Formbeschränkungen, also regellos, zu sprechen, noch haben sie die Möglichkeit, sich regellos zu versprechen, so paradox das zunächst auch klingen mag. Ich hoffe, daß Sie nun das nötige Rüstzeug haben, die Vielfalt der Versprecher, die Sie in diesem Buch finden, in Gruppen einzuordnen, ohne daß dabei deren Charme und Einzigartigkeit verlorengehen.

Sie können nun Ihr neu erworbenes psycholingui-
stisches Wissen überprüfen, indem Sie versuchen,
einige Versprecher zu analysieren (sie sind in der
Sammlung mit * markiert). Im letzten Teil des Buches finden Sie die »richtigen« Lösungen.

Hilfreich mag dazu das in Frankfurt entwickelte
computergestützte Klassifikationsverfahren sein,
mit dem man die Versprecher nach diversen Kriterien sortieren kann. Dies sieht ungefähr wie folgt
aus:

VERSPRECHER: *von Tusen und Blasen keine Ahnung*   für   *Tuten*
TYP: Antizipation
EINHEIT: Laut
KORREKTUR: nein
LEXIKALISCHE KONTROLLE: nein
SITUATION: nein
SPRACHPLANUNGSSTADIUM: positionale Ebene

Folgender Versprecher wurde mir kurz vor der
Drucklegung telefonisch mitgeteilt:

VERSPRECHER: *buddhistisches Standesamt* für *statistisches Bundesamt*
TYP: Stranden   (ergäbe *bundistisches Statesamt*)
EINHEIT: Stamm
KORREKTUR: nein
LEXIKALISCHE KONTROLLE: ja *(bundistisches Statesamt* wird zu *buddhistisches Standesamt)*
SITUATION: nein
SPRACHPLANUNGSSTADIUM: positionale Ebene

Ein Wort hervorzubringen dauert im Durchschnitt 400 Millisekunden! Die Ausstattung, über

die Sprecher verfügen, muß daher äußerst flexibel sein, um die Aufgabe des alltäglichen Sprechens bewältigen zu können, viel und vielfältig Strukturiertes in äußerst knapper Zeit zu produzieren. Auch in diesem Sinne ist ein Versprecher nur allzu natürlich.

Alles, was noch fehlt, sind Literaturhingaben

Arbeitsgruppe Psycholinguistik und Aphasieforschung (1989): Modulare Sprachverarbeitung. Evidenz aus der Aphasie. Frankfurter Linguistische Forschungen Sondernummer 2.

Berg, T. (1988): Die Abbildung des Sprachproduktionsprozesses in einem Aktivierungsflußmodell. Tübingen.

Bierwisch, M. (1970): Fehler-Linguistik. Linguistic Inquiry 1, S. 397–414.

Blanken, G. u. a. (Hrsg.) (1988): Neuro- und psycholinguistische Modelle zur menschlichen Spracherzeugung. Freiburg.

Brown, R./McNeill, D. (1966): The tip of the tongue phenomenon. Journal of Verbal Learning and Verbal Behavior 5, S. 325–337.

Butterworth, B. (Hrsg.) (1980): Language production. London.

Celce-Murcia, M. (1973): Meringer's corpus revisited. In: Fromkin, V. A. (Hrsg.): Speech errors as linguistic evidence. Den Haag.

Cutler, A. (Hrsg.) (1982): Slips of the tongue and sentence production. Amsterdam.

Freud, S. (1904): Zur Psychopathologie des Alltagslebens. Frankfurt.

Fromkin, V. A. (1971): The nonanomalous nature of anomalous utterances. Language 47, S. 27–52.

Fromkin, V. A. (1980): Errors in linguistic performance. Slips of the tongue, ear, pen, and hand. New York.

Fromkin, V. A. (Hrsg.) (1973): Speech errors as linguistic evidence. Den Haag.

Gabler, S. u. a. (1992): Die rückknöpfige Bluse oder Warum gibt es karolierte Hosen? Forschung Frankfurt 3, S. 18–29.

Garrett, M. F. (1975): The analysis of sentence production. In: Bower, G. (Hrsg.), Psychology of learning and motivation 9. New York.

Grimm, J./Grimm, W. (1956): Deutsches Wörterbuch. Leipzig.

Grünbaum, A. (1988): Die Grundlagen der Psychoanalyse. Eine philosophische Kritik. Stuttgart (übers. von The foundations of psychoanalysis. A philosophical critique).

Jespersen, O. (1894): Progress in language with special references to English. London.

Keller, J./Recht, T. (1992): Neurolinguistik: Von der Theorie zur Therapie. Forschung Frankfurt 3, S. 42–49.

Keller, J./Leuninger, H. (1993): Grammatische Strukturen – kognitive Prozesse. Tübingen.

Leuninger, H. (1986): Modularität und Autonomie von Sprachverarbeitungssystemen. Frankfurter Linguistische Forschungen 1, S. 22–39.

Leuninger, H. (1987): Das ist wirklich ein dickes Stück. Überlegungen zu einem Sprachproduktionsmodell. In: Bayer, J. (Hrsg.), Grammatik und Kognition. Linguistische Berichte, Sonderheft 1. Opladen.

Leuninger, H. (1989): Neurolinguistik. Probleme, Paradigmen, Perspektiven. Opladen.

Leuninger, H. (1992): Ich kann nicht zwei Fliegen auf einmal dienen, oder: Was tun wir, wenn wir uns versprechen? Forschung Frankfurt 3, S. 30–37.

Levelt, W. J. M. (1989): Speaking: From intention to articulation. Cambridge (Mass.).

Meringer, R. (1908): Aus dem Leben der Sprache. Berlin.

Meringer, R./Mayer, K. (1895): Versprechen und Verlesen. Eine psychologisch-linguistische Studie. Stuttgart. Neudruck 1978. Amsterdam.

136

Paul, H. (1880): Prinzipien der Sprachgeschichte. Halle.

Poeck, K. (Hrsg.) (1982): Klinische Neuropsychologie. Stuttgart.

Schade, U. (1992): Konnektionismus – Zur Modellierung der Sprachproduktion. Opladen.

Sütterlin, L. (1907): Die Deutsche Sprache der Gegenwart. Leipzig. Neuauflage 1972. Hildesheim.

von der Gabelentz, Georg (1891): Die sprachwissenschaft: Ihre aufgaben, methoden und bisherigen ergebnisse. Leipzig.

Wiedenmann, N. (1992): Versprecher und die Versuche zu ihrer Erklärung. Ein Literaturüberblick. Trier.

Was uns der Sprecher sagen wollte,
und wie er vorgegangen ist
oder
Daß man weint, äh, weiß, was gemeint ist

Meine Mutter liebt das heime Traut
oder
Szenen einer Ehe

Dir liegt viel an ihm./Du hängst an ihm.

Sie hat ihm Honig um den Bart geschmiert./Sie hat ihm Sand
in die Augen gestreut.

Die geizt nicht mit ihren Reizen.

Schußverletzungen am Kopf

Du bist mein Ein und Alles./Du bist mein A und O.

Schatzi/Schnautzi

Ihr kann man nichtsübel nehmen./Ihr kann man nicht böse
sein.

* VERSPRECHER: *Die nehmen wir mit Hußkand, Handkuß* für
Die nehmen wir mit Kußhand

TYP: Vertauschung

EINHEIT: Laut

KORREKTUR: ja, aber mit Virus durch Korrekturversuch

LEXIKALISCHE KONTROLLE: nein

SITUATION: nein

SPRACHPLANUNGSSTADIUM: positionale Ebene

Zu zweit anstatt allein

Schwiegermutter

Er hat sich mit seinen Mätressen zerstritten./Er hat sich mit
seinen Mätressen überworfen.

Ich würde Hab und Gut verlieren./Ich würde Haus und Hof
verspielen.

Mit Zuckerbrot und Peitsche

* VERSPRECHER: *Maskulin und Singulin* für *Maskulin und
Singular*

TYP: Postposition

EINHEIT: Wortbestandteil
KORREKTUR: nein
LEXIKALISCHE KONTROLLE: nein
SITUATION: nein
SPRACHPLANUNGSSTADIUM: positionale Ebene

Wenn wir pfleglich miteinander umgehen.
Piefig und muffig
Sie hat ihren Mann zum Brötchen holen geschickt.
Und jetzt habt ihr die Rollen getauscht.
Warum die Leute Woche für Woche Dallas sehen wollen.

* VERSPRECHER: *Ein Kind abonnieren* für *Ein Kind adoptieren*
TYP: Substitution (Formähnlichkeit). Diese formbedingten Ersetzungen werden auch »Malapropismen« genannt, nach dem Namen einer Romanfigur von Sheridan (*The Rivals*), Frau Malaprop, die oft Fremdwörter aus Unkenntnis verwechselt. Unsere Versprecher resultieren jedoch nicht aus Unkenntnis, sondern aus Fehlplanungen.
EINHEIT: Wort
KORREKTUR: nein
LEXIKALISCHE KONTROLLE: nein
SITUATION: nein
SPRACHPLANUNGSSTADIUM: positionale Ebene

Da muß man sich ein paar Kinder anschaffen./Da muß man sich ein paar Kinder zulegen.
Sei unbesorgt./Sei beruhigt.

* VERSPRECHER: *Daß dich deine Mutter dann bedammert, äh, bejauert* für *Daß dich deine Mutter dann bejammert./Daß dich deine Mutter dann bedauert*
TYP: Kontamination (Typ: A/B)
EINHEIT: Wort

KORREKTUR: ja, aber erfolglos (Reste werden verbraucht)
LEXIKALISCHE KONTROLLE: nein
SITUATION: nein
SPRACHPLANUNGSSTADIUM: prädikative Ebene

Das ist so blöd, daß es einem die Schamröte ins Gesicht treibt./
    Das ist so blöd, daß es einem die Tränen in die Augen treibt.
Dafür werd' ich mir nicht die Nacht um die Ohren schlagen.
Wenn wir gar nix machen, sondern immer nur den Kopf in
    den Sand stecken.
Manchmal weiß man nicht, was in den Köpfen der Eltern vor-
    geht.
Das Licht auszuknipsen
–
Besonders für Familien mit kleinen Kindern geeignet.
Ich wollte doch nur dein Doppelkinn kraulen.

* VERSPRECHER: *Matronenschatzer* für *Matratzenschoner*
TYP: Vertauschung
EINHEIT: Lautkombination (*on/atz*)
KORREKTUR: nein
LEXIKALISCHE KONTROLLE: nein
SITUATION: nein
SPRACHPLANUNGSSTADIUM: positionale Ebene

Paß auf, oder willst du mich erstechen?/Paß auf, oder willst du
    mich erdolchen?
Er ist mir auf die Pelle gerückt./Er ist mir zu nah getreten.
Die konnt' ich schlecht rauswerfen./Die konnt' ich schlecht
    abwimmeln.
Der ging entsetzt weg./Der ging erzürnt weg.
Sei nicht so motzig./Sei nicht so muffig.
Jemandem ein Schnippchen schlagen/Jemandem einen
    Streich spielen
Es kommt mir nicht unter die Augen./... nicht über die Lippen.

143

Ich will noch mal resümieren.

Da kannst du gucken, da kannst du blaß werden vor Neid.

* VERSPRECHER: *Der bleste Platz ist immer noch an der Theke*
   für   *Der beste Platz ist immer noch an der Theke*
TYP: Antizipation
EINHEIT: Laut
KORREKTUR: nein
LEXIKALISCHE KONTROLLE: nein
SITUATION: nein
SPRACHPLANUNGSSTADIUM: positionale Ebene

Die schreien dann Zeter und Mordio.

Notfalls kann ich bei einem Freund unterkommen.

Der war ja ekelhaft hart.

Dramatische Gattung

Die sitzen schon auf heißen Kohlen./Die sitzen schon auf ge-
   packten Koffern.

Dem Peter muß man rigoros den Mund verbieten./Dem Peter
   muß man rigoros das Wort abschneiden.

Wie wir miteinander umgehen.

Was trinken wir bloß zum Champagner?
oder
Leibliches Wohl

Das muß man sich auf der Zunge zergehen lassen./Das muß
   man sich im Mund zergehen lassen.

Du bekommst alles auf einen Teller geladen.

Reinen Tisch machen/Reinen Wein einschenken

Ein Gewürz, das du gar nicht geschmeckt hast./Ein Gewürz,
   das du gar nicht gemerkt hast.

Wenn er nicht vom Bären gefressen worden wäre.

Himbeer'/Heidelbeer'

144

Du machst mir immer den Mund so wäßrig./Du machst mir
   das immer so schmackhaft.
Edelstahlkochtopf
Alete-Kost fürs Kind
Hans Dampf in allen Gassen
Gebackener Camembert
–
Es ist mir egal, welche Laus dir über die Leber gelaufen ist.
Wetz die Messer.
Feinschmecker

* VERSPRECHER: *Pischelmuzza* für *Muschelpizza*
TYP: Vertauschung
EINHEIT: Laut (Silbe (*mu*/*pi*))
KORREKTUR: nein
LEXIKALISCHE KONTROLLE: nein
SITUATION: nein
SPRACHPLANUNGSSTADIUM: positionale Ebene

Lauftraining/Aufwärmtraining
Ich liebe Suppe mit viel Salz.
In der Küche stinkt's nach Fisch.
–
Ein Stück Sojawurst
Muskat braucht man auch, sagte Bocuse.
Schnittlauch/Petersilie
Ich hab' Waldmeister Wackelpudding gemacht./Ich hab'
   Waldmeister Götterspeise gemacht.
Dill und Schnittlauch
Mocca/Schokolade
256 Pralinen sollen in 8 Schachteln abgepackt werden.
Eine Schachtel Pralinen
Kartoffeln solln auch nicht so viel Kalorien haben.
Feldsalat
Ich habe auch zwei Krapfen gekauft./. . . zwei Kreppel gekauft.

* VERSPRECHER: *Suppe zum Hauptgericht, ein Obstteller zum*
Nachgericht für *Suppe zum Hauptgericht, ein Obstteller*
zum Nachtisch
TYP: Postposition
EINHEIT: Wort(bestandteil)
KORREKTUR: nein
LEXIKALISCHE KONTROLLE: nein
SITUATION: nein
SPRACHPLANUNGSSTADIUM: positionale Ebene

Auf nüchternen Magen kann ich das nicht vertragen./Am
frühen Morgen kann ich das nicht vertragen.

Hackfleisch

Schwarzer Tee, Federweiser, Zwiebelkuchen

Da hab' ich mich für so ein Süppchen entschieden./Da hab' ich
mich zu so einem Süppchen entschlossen.

Gib mir noch einen Zug von deiner Zigarette.

Ich bin richtig teesüchtig geworden.

Eigentlich sieht der Schnee gar nicht so tief aus.

Ein Faß Bier/Ein Kasten Bier

Bierernst/tierisch ernst

Unüberbietbar

Da könnt' ich mich pausenlos besaufen./Da könnt' ich mich
stundenlang besaufen.

Männer können immer noch fahren, wenn sie was getrunken
haben.

Da kriegt man keinen dicken Kopf von./Da wird man nicht
blau von.

Wodka/Moskowskaja

Die geht noch einmal um die Ecke./Die geht noch einmal eine
Runde.

Hast du noch was zu qualmen, aber ohne Filter?

Asbach Uralt

Coffeinfreier Kaffee

Kautabak

* VERSPRECHER: *Mein Rauch hat gekopft* für *Mein Kopf hat geraucht*
TYP: Stranden
EINHEIT: Stamm
KORREKTUR: nein
LEXIKALISCHE KONTROLLE: nein
SITUATION: nein
SPRACHPLANUNGSSTADIUM: positionale Ebene

* VERSPRECHER: *'nen kleinen Stinkspruch* für *'nen kleinen Trinkspruch*
TYP: Antizipation
EINHEIT: Laut (*sch* ergäbe *Strinkspruch*)
KORREKTUR: nein
LEXIKALISCHE KONTROLLE: ja (*Strinkspruch* wird zu *Stinkspruch*)
SITUATION: nein
SPRACHPLANUNGSSTADIUM: positionale Ebene (mit Zugriff auf das Lexikon)

–

Hessenweit
Schoppepetzer (für Nicht-Frankfurter: Apfelweinsorte)
Wenn Sie zu diesem Wein Handkäs' mit Musik essen./Wenn Sie zu diesem Wein Rippchen mit Sauerkraut essen.

Da muß man eben die Schönheitsfehler durch andere Mängel kompensieren
oder
Perfektes Styling

Einen schönen Menschen entstellt nichts./Einem schönen Menschen steht alles.
Flippig/fetzig

Kopfschütteln/Kopfnicken
Schnickschnack/Krimskrams

* VERSPRECHER: *Ich komm' gleich, ich muß nur noch mein Auto aus'm Mantel holen* für *Ich muß nur noch meinen Mantel aus'm Auto holen*
TYP: Vertauschung
EINHEIT: Wort
KORREKTUR: nein
LEXIKALISCHE KONTROLLE: nein
SITUATION: nein
SPRACHPLANUNGSSTADIUM: prädikative Ebene (mit späterer Anpassung)

Es gibt doch auch so Sommer-Jacken./Es gibt doch auch so Sommer-Sakkos.
Friesennerz
–

Da haben mir die Knie gezittert.
Geschniegelt und gebügelt
Sie werden untergebuttert./Sie werden vom Tisch gebügelt.
Ich habe den Anschlußzug verpaßt.
Schickeria
–

Das ist dasselbe in Grün.
Da kann ich den schönsten Hut auf dem Kopf haben.

* VERSPRECHER: *Dupple, hihi, Doubleface* (doppelt)
TYP: Kontamination (A/B) (zwei Sprachen)
EINHEIT: Wort
KORREKTUR: ja
LEXIKALISCHE KONTROLLE: nein
SITUATION: nein
SPRACHPLANUNGSSTADIUM: prädikative Ebene (gleichzeitig Zugriff auf lexikalische Informationen aus zwei Sprachen)

–

Damit es mich nicht mehr an den Öhrchen friert.
Da platzt mir der Kragen.
Ich fühle mich wie abgefüllt./Ich fühle mich wie ausgestopft.
Es bricht zusammen./Es platzt aus allen Nähten.

–

Schlips/Krawatte
Schlafmütze/Faulpelz
Ein Tankschlauch
Ich bin fast aus allen Wolken gefallen./Ich war von den Sok-
    ken.
Die überschneiden sich./Die überlappen sich.

* Versprecher: *Mein Kralli putzt*   für   *Mein Pulli kratzt*
Typ: Vertauschung
Einheit: Laut (*p/kr*)
Lautvertauschungen werden gelegentlich auch als »Spoone-
    rismen« bezeichnet, nach Reverend Dr. William Archibald
    Spooner (1844–1930) aus Oxford, der solche Fehlleistun-
    gen besonders oft produzierte und sie auch pflegte (z. B.
    *Take the flea of my cat and heave it at the louse of my mother-in-
    law*   statt   *Take the key of my flat and leave it at the house of my
    mother-in-law*)
Korrektur: nein
Lexikalische Kontrolle: nein
Situation: nein
Sprachplanungsstadium: positionale Ebene

Ich hätte gerne einen ärmellosen Herrenpullover.
Das kriegt man ja nicht auf die Reihe./Das kriegt man ja nicht
    unter einen Hut.
Schön lässig, leger, aber ich kann's auch mal zum Ausgehen
    anziehen.
Ich ziehe mich zum Einkaufen schön an.
Reißverschluß/Schnallen

Nadelstreifenanzug

In den Kinderschuhen steckenbleiben./Über die Anfänge
nicht hinauskommen.

Latzhosenfrauen

Sie hat halblange rote Haare.

Das find' ich auch schön, braune Augen und blonde Haare.

Den finde ich übrigens sehr schick, den Haarschnitt.

–

Mir standen die Haare zu Berge.

Das Problem mit der Wimperntusche ist ja nicht, daß sie was-
serfest sein muß.

* VERSPRECHER: *Meine Augen cremen so* für *Meine Augen
tränen so*

TYP: Substitution (Formähnlichkeit)

EINHEIT: Wort

KORREKTUR: nein

LEXIKALISCHE KONTROLLE: nein

SITUATION: ja (beim Eincremen der Hände; Formähnlichkeit
ist der Filter!)

SPRACHPLANUNGSSTADIUM: positionale Ebene

Das wird mir ewig in Vergessenheit bleiben
oder
Ortstermine

Die einzige, die mal Bildungsurlaub in Anspruch genommen
hat.

In einem überschaubaren Zeitraum

Den Urwald abzuroden

Ortsnetzzahl

Schloß Charlottenburg

Main-Taunus-Kreis

Die Gipfel der Mittelgebirge

Diese Lücke zu füllen/Diesen Bereich zu erweitern
Auf der untersten Stufe/Auf der untersten Treppe
Obendrauf/untendrunter
Wir nennen Zeiten und Orte.
Nach Bangkok der Liebe wegen
Ins libanesische Niemandsland
–
–

Daß dieses Jahr etwas glücklicher wird als das abgelaufene./
    Daß dieses Jahr etwas glücklicher wird als das verflossene.
Das liegt schon eine Weile zurück./Das ist schon eine Weile
    her.
Die Beispiele, die später kommen./Die Beispiele, die weiter
    hinten kommen.
Puste mal die Kerze aus.
Um zwölf Uhr beginnt unser Mittagskonzert.
Ich komm' dann Dienstag mittag.
Du Nachtschattengewächs, du erblickst ja nicht mal die
    Sonne, die heute nachmittag scheint.
Ich werd' ja nicht mit dem Hellwerden wach.
Ich werde doch nicht Ende September meinen Geburtstag
    vom April nachfeiern.
Er hat mir gesagt, Ende August ist er im Urlaub.

* Versprecher: *Kaminkalender* für *Terminkalender*
Typ: Antizipation
Einheit: Laut (Silbe *ka* ergäbe *Karminkalender*)
Korrektur: nein
Lexikalische Kontrolle: ja (*Karminkalender* wird zu
    Kaminkalender)
Situation: nein
Sprachplanungsstadium: positionale Ebene (mit Zugriff
    auf das Lexikon)

Außerdem gestern gewaschen

* VERSPRECHER: *Ich habe an diesem Termin einen Geburtstag*
für   *Ich habe an diesem Geburtstag einen Termin*
TYP: Vertauschung
EINHEIT: Wort
KORREKTUR: nein
LEXIKALISCHE KONTROLLE: nein
SITUATION: nein
SPRACHPLANUNGSSTADIUM: prädikative Ebene

Zehn Stunden die Woche
Bald/fast

* VERSPRECHER: *So halb zwölf, älter kann's noch nicht sein*
für   *So halb zwölf, später kann's noch nicht sein*
TYP: Substitution (Bedeutungsbeziehung)
EINHEIT: Wort
KORREKTUR: nein
LEXIKALISCHE KONTROLLE: nein
SITUATION: nein
SPRACHPLANUNGSSTADIUM: prädikative Ebene

–

Heute, am verkaufsoffenen Samstag
Das vergess' ich bis an mein Lebensende nicht./Das vergess'
ich mein Lebtag nicht.
Eine bleibende Erinnerung/Ein bleibendes Erlebnis
Vergessen Sie nicht, mich daran zu erinnern.
Im November ist höchste Eisenbahn./Im November ist höch-
ste Zeit.
Langzeitarbeitslose

Neigt der Mönsch zum Bösen
oder
Himmel und Hölle

Von Pontius zu Pilatus.
Lots Frau erstarrte zur Salzsäule.

* VERSPRECHER: *Es beginnt mit der Schöpfung und endet mit dem
  jüngsten Gerücht* für *Es beginnt mit der Schöpfung und endet
  mit dem jüngsten Gericht*
TYP: Postposition
EINHEIT: Lauteigenschaft (Lippenrundung)
KORREKTUR: nein
LEXIKALISCHE KONTROLLE: nein
SITUATION: nein
SPRACHPLANUNGSSTADIUM: positionale Ebene

Der Sündenfall/Der Turmbau von Babel
Die sieben Todsünden
Er hat sich mit Kirchengeschichte beschäftigt./... befaßt.
Man sollte doch die Kirche im Dorf lassen./Man sollte doch
  bei den Tatsachen bleiben.
Mein Geist war willig, doch mein Fleisch war schwach.
Ich war einundzwanzig, als sie gestorben ist.
Ins Gras beißen.
–
Nun, liebe Lina, schlummere sanft.
Es konnte nicht bewiesen werden, daß es Gott gibt.
Mysterium
Weiblicher Orden/Nonnenorden
Umschwung des Papstes
Füße küssen
Der Papst belegt ihn mit dem Bann.
Wenn man die Geschicklichkeit hat, keine Gewissensbisse zu
  bekommen.

Die in Fulda versammelten Bischöfe
Allahs Wege sind verschlungen und geheimnisvoll.
Ein falsches Schamgefühl
Der Teufelkreis der Vergreisung

–

Maracuja ist ja ein Gemisch, wo Passionsfrucht drin ist.
Er wird um zehn Uhr auf dem Hauptfriedhof beerdigt.
Papst Pius
Franziskanerpater
Dominikanerpater
Den Teufel mit dem Beelzebub austreiben.

Beim Gewitzer blittert's immer
oder
So sprach Petrus

Beim Gewitter blitzt's immer.

* VERSPRECHER: *Mich rührt der Donner*   für   *Mich rührt der
   Schlag*   bzw.   *Mich trifft der Donner*
TYP: Kontamination (A/B)
EINHEIT: Redewendung
KORREKTUR: nein
LEXIKALISCHE KONTROLLE: nein
SITUATION: nein
SPRACHPLANUNGSSTADIUM: prädikative Ebene

Entsteint/entkernt

–

Im Norden wolkig
Der Wind weht. / Der Wind bläst.
Islandtief

–

Sonst bleibt es heiter bis wolkig.

Und dann ging dieses Unwetter los./Und dann ging dieses
   Gewitter los.
Je nachdem, wieviel Wind gemacht wird./Je nachdem, wieviel
   Staub aufgewirbelt wird.
Höchsttemperaturen morgen zwischen 16 und 22 Grad.
Höchsttemperaturen
Die Wettervorhersage für Hessen bis morgen abend.
Gelegentlich wird die Sonne scheinen.
Wenn die Sonne scheint.
In Mitteleuropa sind die Temperaturen niedrig.
Sie legen sich 'ne Woche an den Strand.
Hochdruckeinfluß
Der zieht sich bislang gut aus der Affaire.
Nur in der Nacht sollten Sie mit Nebel rechnen.
Lichtblick

Diese Regelung wird die
Verkehrsbehinderung erleichtern
oder
Von Stau zu Stau

Wir bitten die Autofahrer, die Gegend weiträumig zu um-
   fahren.
–
Fahr nicht so rasant./. . . riskant
Verkehrsführung in einspuriger Richtung
Abgefahrene Reifen
Dem mußte ich doch auf die Spur kommen./Dem mußte ich
   doch nachgehen.
Da muß man doch die Scheibe hochkurbeln.
Am Steuer ihres Autos
Sie saß auf dem Beifahrersitz.
Ein kleiner stärkender Trunk/Ein kleiner stärkender Schluck
Stoßdämpfer

Wie gerne würden sie dieses bleifreie Shellbenzin tanken.

–

Bei einem Unfall auf dem Rhein-Main-Schnellweg kam es zu
einem Stau.

* VERSPRECHER: *Abschleckaktion* für *Abschleppaktion*
TYP: Antizipation
EINHEIT: Laut
KORREKTUR: nein
LEXIKALISCHE KONTROLLE: nein. Sollten Sie hier mit »ja« ge-
antwortet haben, so darf ich daran erinnern, daß lexikali-
sche Kontrolle bei zweischrittigen Versprechen wirkt.
Wenn wie hier durch eine Lautantizipation ein existierendes
Wort entsteht, ist dies zufällig und automatisch, also bloß
ein einschrittiger Versprecher.
SITUATION: nein
SPRACHPLANUNGSSTADIUM: positionale Ebene

Wer es vermeiden kann, die Autobahn zu benutzen, der sollte
es tun.

–

Wenn man den Verkehrsunfall betrachtet.

–

Eine generelle Geschwindigkeitsbegrenzung

–

In Hessen gebietsweise Behinderung durch Nebel mit Sicht-
weiten unter 50 m.
Wo das Stopschild steht.
Aber da war die Schlange 2½ km lang.

* VERSPRECHER: *Auf der Autobahn Frankfurt – Köln schneit es in
beiden Fahrtrichtungen* für *Auf der Autobahn Frankfurt–
Köln schneit es*
TYP: Kontamination
EINHEIT: Redewendung

KORREKTUR: nein
LEXIKALISCHE KONTROLLE: nein
SITUATION: ja. Es handelt sich hier um Schemata bei Ver-
   kehrsnachrichten; eine unpassende Formel ist hineinge-
   rutscht: *Stau in beiden Fahrtrichtungen*
SPRACHPLANUNGSSTADIUM: prädikative Ebene

Damit kann man keinen Hund hinterm
Ofen verlocken
oder
Von Läusen und anderen Tieren

Darauf hinauslaufen lassen.
Trostlauf
Abfahrtslauf
Du kannst mich auch hier rauslassen.
–
Hochdruckzone
–
Gurr- und Schnalzlaute
Grundsätzlich/prinzipiell
Jetzt lebt kein Junikäfer, in dieser Jahreszeit.
Früher standen meine Zähne wie Kraut und Rüben.
Müde Mäuse
Warum rupfen die Amseln Krokusse?
Sie setzt sich ins gemachte Nest.
Farbensehen bei Vögeln
Meerschweine sind Ferkel.
Eine Vermehrung auf wundersame Weise
Schließlich kann ich nicht zwei Fliegen mit einer Klappe
   schlagen./Schließlich kann ich nicht zwei Herren auf ein-
   mal dienen.
Der hat schon wieder sein Schnäuzchen auf dem Boden./Der
   hat schon wieder seine Nase auf dem Boden.

157

Scheinschwangerschaft

Fangquoten

Dieses Plätzchen haben wir im Urlaub entdeckt.

Die Tiere können sich im Urwald gut anpassen.

Wildschwein

Ich weiß ja selbst nicht, was für ein Teufel mich da geritten hat.

Tischfußball

Man sollte nicht in fremden Gewässern fischen.

Man muß die Leute bei der Stange halten.

Musicbox

Eine Krähe hackt der andern kein Auge aus./Eine Hand wäscht die andere.

Heimtückisch/hinterhältig

* VERSPRECHER: *Das sind ja die reinsten Heuschrecken, diese Heustapel, äh, Gartenscheuche* für *Das sind ja die reinsten Heuschrecken, diese Vogelscheuchen*

TYP: 1. Postposition: *Heuschrecken/Heustapel*; 2. Substitution: *Gartenscheuche/Vogelscheuche*

EINHEIT: Wortbestandteil

KORREKTUR: ja, erfolglos und mit Virus

LEXIKALISCHE KONTROLLE: nein

SITUATION: ja

SPRACHPLANUNGSSTADIUM: positionale Ebene

Mitten in die Mampa
oder
Durch die Wälder, durch die Auen

Meine grün-schwarz gestreifte Hose

Wir waren Pilze sammeln.

Knoblauch – ein Gemüse für die Mutigen

Unser Bäumchen stirbt.

Die Spreu vom Weizen trennen

158

Tränengas
Durchforsten/abgrasen
Vierblättrige Blume
Wenn gespritzte Salatköpfe geklaut werden.
Erdbeerquark

* VERSPRECHER: *Ich weiß nicht, ob das überhaupt Zuchthauspilze*
   sind für *Ich weiß nicht, ob das überhaupt Zuchtpilze sind/Ich*
   weiß nicht, ob das überhaupt Treibhauspilze sind
TYP: Kontamination (A/B)
EINHEIT: Wort
KORREKTUR: nein
LEXIKALISCHE KONTROLLE: nein
SITUATION: nein. Aber vielleicht wird diese Neuschöpfung
   eine zukünftige Bezeichnung für Pilze im Zeitalter der Gen-
   technologie. Schon Sütterlin (1907, S. 4) macht die Beobachtung, daß Sprachwandel aus »kleinen Versprechen«
   entstehen kann.
SPRACHPLANUNGSSTADIUM: prädikative Ebene

Ich habe eine tomatenrote...
Gewächshauszitronen
Hier scheint ein Nest zu sein.
Ich hab' in den sauren Apfel gebissen./Ich hab' eingewilligt.
Ich seh' schon, ich gewinne keinen Blumentopf.
Gänseblümchen/Stiefmütterchen
Maiglöckchen
Gegenüber vom Hawai-Burger./Gegenüber vom Wiener-
   wald.
So weit bin ich schon vorgedrungen./So weit ist das schon ge-
   diehen.

Das Leben ist unabtastbar
oder
Halbgötter in Weiß

Gestern auf der Buchmesse bin ich einer auf den Fuß gelatscht.

Es geht mir auf die Nerven./Es hängt mir schon zum Halse raus.

Da hab' ich mir etwas eingebrockt./Da hab' ich mir etwas aufgehalst.

Mir ist schon ein paarmal der Arm abgestorben./Mir ist schon ein paarmal der Arm eingeschlafen.

Darmschleimhaut

Hüftgelenke

* VERSPRECHER: *Dann entfällt die venige Lästensucherei* für *Dann entfällt die lästige Venensucherei*

TYP: Stranden

EINHEIT: Stamm

KORREKTUR: nein

LEXIKALISCHE KONTROLLE: nein

SITUATION: nein

SPRACHPLANUNGSSTADIUM: positionale Ebene

Ich habe einen wehen Steiß.

Maschendrahtzaun

Mundwinkel

Der Unterkiefer/das Kinn

Das ist mein Bauch, ich kann's nicht ändern.

Da hab' ich mir den Nacken ausrasieren lassen.

Dann kriegt er einen Herzinfarkt./Dann kriegt er einen Herzanfall.

Kopfschmerzen/Kopfzerbrechen

Ich hab' Kopfschmerzen/Kopfweh.

Vor Gesundheit strotzen./Mit seiner Gesundheit protzen.

Schwangerschaft ist 'ne Zumutung.

Der Mensch ist doch sehr harmonisch.

Tote schlafen fest.

Indianischer Medizinmann

Fußpilz

Die erschrecken schwangere Frauen.

Man darf sich eben nicht in die Hände von Ärzten geben.

Bauchspeicheldrüsenentzündung

Kreislaufkollaps

Sie hat niedrigen Blutdruck.

Testpersonen

* VERSPRECHER: *Artillerieverkalkung* für *Arterienverkalkung*

TYP: Substitution (Formähnlichkeit/Malapropismus)

EINHEIT: Wort

KORREKTUR: nein

LEXIKALISCHE KONTROLLE: nein

SITUATION: nein

SPRACHPLANUNGSSTADIUM: positionale Ebene

Angina pectoris

Lebensnotwendig/wichtig

Ich hab' richtig Ringe unter den Augen./Ich hab' richtig Ränder unter den Augen.

Der Wink mit dem Zaunpfahl

Dünn . . ./Durchfall

Wollen wir theoretische Übungen abhalten?/Wollen wir theoretische Übungen durchführen?

Das hängt mit dem Kreislauf zusammen./Das hat mit dem Kreislauf zu tun.

Daß er unter erhöhtem Blutdruck gelitten hat. . ./Daß er Kreislaufprobleme hat. . .

Er hat sich auf Aesop berufen./Das beruht auf Aesop.

Trotz eines ärztlichen Bulletins

Der nach deutschen Maßstäben kein Operationssaal sein dürfte.

Dann verliert das an Gewicht./Dann hat das weniger Gewicht.

Tropfen/Tablette
Bittere Pillen
Franzbranntwein
Pillenknick
–

Mildernde Umstände
Tragende Stütze

Mit Flossen schnellt man schwimm
oder
Sport, Spiel, Spannung

Sein bestes Resultat beim Grand Slam
–

Hochklassiges Match
Und Monica Seles verlor gegen Martina Navratilova den
ersten Satz 6:4.
–

Wieder einmal landet der Ball im Netz.
Linkshänder
–

Steeb trifft nun auf den Schweden Mats Wilander.
Vorhand und Rückhand im Wechsel
–

–

Vielleicht ist der Schläger ja schräg./Vielleicht ist der Schläger
ja schepp.
–

* VERSPRECHER: *Er souveriert, serviert im Moment ganz
stark.*
TYP: Antizipation
EINHEIT: Wortbestandteil
KORREKTUR: ja (mit Satzplanungsabbruch – *er serviert im
Moment ganz souverän* – und Neubeginn)
LEXIKALISCHE KONTROLLE: nein
SITUATION: nein
SPRACHPLANUNGSSTADIUM: positionale Ebene

Magdalena Maleeva
–

–

Das mit der Kontonummer

—

Wir haben Carl Lewis besucht, der ja letzte Woche für Furore
  gesorgt hat.
Seine Bestzeit von 10,1 (sek) über 100 und 20,8 (sek) über
  200 m.
Die größte Weite in diesem Jahr ist er gesprungen (Jahreswelt-
  bestleistung).

* Versprecher: *Ich kann nicht über meine Haut springen*   für
  *Ich kann nicht über meinen Schatten springen/Ich kann nicht aus
  meiner Haut*
Typ: Kontamination (A/B) mit Anpassung, denn es entsteht
  ja nicht etwa *Ich kann nicht über meinen Haut springen.*
Einheit: Redewendung
Korrektur: nein
Lexikalische Kontrolle: nein
Situation: nein
Sprachplanungsstadium: prädikative Ebene

Der 1986 so knapp an einer Medaille vorbeischrabbte
Wenn du schon ein bißchen Durchfall hast.
Disqualifizieren gilt immer nur für ein Rennen.
Das war nicht Stielickes Spiel.
Europa-Pokal/Europa-Cup
Eingefleischte Mannschaft/ausgefuchste Mannschaft
Je schneller das erste Tor fällt./Je schneller das eins zu null
  fällt.
Der Aufsteiger Darmstadt

—

Da drücken wir Ihnen die Daumen./Da wünschen wir Ihnen
  alles Gute.

—

Der Strafstoß wird nicht gegeben./Das Foul wird nicht ge-
  ahndet.
Die spielt jetzt in einem Düsseldorfer Verein.

Cerezo, ein außerordentlich zuverlässiger Mittelfeldspieler

Von Breitner ein Freistoß

Das Stadion gleicht einem dänischen Hexenkessel.

Als Fallbeispielsammlung find' ich das Buch gut.

Blitzschnelles Tor/wunderschönes Tor

Daß da ein Tor draus geworden ist./Daß da ein Tor gefallen ist.

Man könnte ihn auch als Mittelfeldspieler aufstellen./Man könnte ihn auch als Mittelfeldspieler einsetzen.

—

Da geht einem der ... mit Grundeis./Da kriegt man Muffensausen.

Der hat mich zum Skilaufen eingeladen.

Bittner ist fertig.

Marina Kiehl mit einer hohen Startnummer.

—

—

Keine größeren Anstrengungen zu unternehmen/Größere Anstrengungen zu vermeiden

Das ist total heftig./Das ist total witzig.

Tanzsportverein/Tanzsportclub

Damit hab' ich mich über Wasser gehalten./Damit hab' ich mich auf den Beinen gehalten.

—

Im deutschen Lottoblock

Achter ohne Steuermann

Wir haben uns schweren Herzens dazu entschlossen./Es war ein schwerer Schritt.

Wanderstiefel schnüren

Und dann hab' ich im Schwimmbad gearbeitet, ich hab' 'nen DLRG-Schein, und den Pimpfen das Schwimmen beigebracht.

Nichtschwimmerbecken

Freibad/Schwimmbad

Spring- und Reitturnier

Wenn man sich einmal vertan.../... reingeritten hat.

–

Die sitzt fest im Sattel.

Der Vorwurf ist bereits in Vorbereitung
oder
Aus dem politischen Alltag

Von Tuten und Blasen keine Ahnung

–

Wir empfinden es als einen weiteren Vertrauensmißbrauch./
    Wir empfinden es als einen weiteren Vertrauensbruch.
Kreml-Chef Gorbatschow

–

Wie der Kollege Ehmke sagte.
Aus Washington Gerthard Pelletier
Kann Präsident Bush das Ruder noch mal herumreißen?/
    Kann Präsident Bush den Wahlsieg noch mal erreichen?
Weil die Minderheitsregierung nicht mehr über genügend
    Stimmen verfügt.
Sie wurde als Spitzenkandidatin aufgestellt.
Wir kommen jetzt zum letzten Unterpunkt/Punkt der Tages-
    ordnung.
'ne Satzungsergänzung/'ne Satzungsänderung
Und jetzt gibt es die erste gelbe Karte in dieser Partie.

* Versprecher: *Die deutsch-französische Erbschaft* für *Die
    deutsch-französische Erbfeindschaft*
Typ: Tilgung
Einheit: Wortbestandteil
Korrektur: nein
Lexikalische Kontrolle: nein
Situation: nein
Sprachplanungsstadium: lautliche Ebene

166

Ein Jahr am englischen Königshof./Ein Jahr am englischen
  Königshaus.
Das ist jetzt wirklich eine Zwickmühle./Das ist jetzt wirklich
  eine schwierige Lage.
–

Pilzpfanne.
–

Ihr habt vielleicht 'ne Sammlung von Erpresserbriefen.
In der Zwischenzeit hat die Polizei über Taxifunk Kontakt zu
  dem Verbrecher.
Der Überfall war minutiös vorbereitet.
Unruhestifter/Ruhestörer
Polizei und Verfassungsschutz hatten die Lage voll unter
  Kontrolle.
Das Gesetz steht nicht in Übereinstimmung mit . . ./Das
  Gesetz steht nicht in Einklang mit . . .
Gesetzeslücken ausnutzt
Mord und Totschlag
Die beim Amtsgericht sind. . .
Zum Scheitern verurteilt
Beamtenbeleidigung
Jemanden übers Ohr hauen./Jemanden reinlegen.
–

Warschauer Militärpakt
–

In der Gegend von Beirut dauern die Kampfhandlungen an.
Eine neue Runde des Wettrüstens
Fingerspitzengefühl
Ihr mit eurer veralteten Waffentechnik.
Ich werd' jetzt noch zwei Stunden Waffeln backen.
Krisensituation
Kampfpanzer Leopard

Mehr als rein geht nicht
oder
Geld regiert die Welt

Die Herren des Geldes sitzen noch zusammen./Die Herren des
  Geldes sind noch nicht zu Potte gekommen.
Der erste weibliche Fleischergeselle
Das idyllische Haus eines Bankiers
Da muß man aufpassen, die sind schwer am Kassieren./Da
  muß man aufpassen, die sind fleißig am Kassieren.
Mit gleicher Münze zurückzahlen/Mit gleichen Waffen schla-
  gen
Weil der bankrott ist./Weil der in Konkurs gegangen ist.
Die Werte- und Normendiskussion hat für mich einen ähn-
  lichen Verschleierungseffekt.
Schecks und Wechsel
Konsumgüterbranche

* VERSPRECHER: *Sie bewerben sich als Laberarbeiter* für *Sie
  bewerben sich als Lagerarbeiter*
TYP: Antizipation
EINHEIT: Laut
KORREKTUR: nein
LEXIKALISCHE KONTROLLE: nein
SITUATION: nein
SPRACHPLANUNGSSTADIUM: positionale Ebene

Vertrittst du hier die Unternehmerinteressen?
Seit der Entdeckung Amerikas ist der Handel der Motor der
  politischen Entwicklung.
Da ging mir ein Licht auf./Da fiel bei mir der Groschen.
Das kostet mich zu viel./Das kommt mir zu teuer.
Vorruhestandsregelung
Ich werde mir mal diese Lohnsteuertabellen anschauen.
Ich bekomme ein Darlehen bei der Bank.

168

Die Bundesregierung erließ deshalb ein Einfuhrverbot für
  Rindfleisch.
Weltwirtschaftskrise

* VERSPRECHER: *Der deutsche Eierkopfverbrauch* für *Der
  deutsche Eier-pro-Kopf-Verbrauch*
TYP: Tilgung
EINHEIT: Wort
KORREKTUR: nein
LEXIKALISCHE KONTROLLE: nein
SITUATION: nein
SPRACHPLANUNGSSTADIUM: lautliche Ebene

Die Neuverschuldung des Bundes soll 39 Milliarden DM
  nicht übersteigen.
Kapitalistische Weltwirtschaft
Einzahlung bei allen Banken und Sparkassen
Die Kontonummer lautet.

                    Seemann, laß das Weinen
                           oder
                       Shubidubidu

Sind nur mehr Krümel mit dem Sesam
Lippmann und Rau
Denver Clan
Tanzplatte
Reporter
Klatschspalte
–
Paß mal auf./Hör mal zu.

* VERSPRECHER: *Die Schlafzeilen der heutigen Nachrichten* für
  Die Schlagzeilen der heutigen Nachrichten

TYP: Substitution (Formähnlichkeit)
EINHEIT: Wort (Laut)
KORREKTUR: nein
LEXIKALISCHE KONTROLLE: nein
SITUATION: möglich (Gedanke an die langweiligen Nachrichten; aber auch hier der Formfilter!)
SPRACHPLANUNGSSTADIUM: positionale Ebene

Die sind jetzt bestimmt schon verfilzt./Die sind jetzt bestimmt schon verschimmelt.
Beim Laufen sprechen wir nicht.
Das vom Sprecher unbewußt Beherrschte
Morgen mehr an gleicher Stelle auf gleicher Welle.
Auf dem Mittelwellensender
Von irgendwelchen Popgruppen
Das ist der Hit./Das ist der Hammer.
–
Machen Sie sich auf einen spannenden Krimi gefaßt.
Der hat Geschichten auf Lager./Der hat Geschichten parat.
Du kennst doch Kommissar Freytag.

* VERSPRECHER: *Die SFW3-Lehrer, -Leser, äh, -Hörer*
TYP: 1. Substitution (aktiviert wird eigentlich *Leser*, wegen Bedeutungsähnlichkeit mit *Hörer*), 2. Substitution (das schon falsch geplante Wort *Leser* wird zu *Lehrer*, wegen Formähnlichkeit)
EINHEIT: Wort
KORREKTUR: ja, aber erfolglos
LEXIKALISCHE KONTROLLE: nein
SITUATION: nein
SPRACHPLANUNGSSTADIUM: positionale Ebene

Neustart: Die vernetzten Lexikoninformationen sind noch aktiv, so daß das zu *Lehrer* formähnliche *Leser* den Zugang zu *Hörer* wieder ermöglicht:

* VERSPRECHER: *Leser, äh, -Hörer*
TYP: Substitutionen (wegen Bedeutungsähnlichkeit mit
  Hörer)
EINHEIT: Wort
KORREKTUR: ja
LEXIKALISCHE KONTROLLE: nein
SITUATION: nein
SPRACHPLANUNGSSTADIUM: prädikative Ebene
Bei diesem Versprecher werden also in zwei Durchgängen die
  formalen und die inhaltlichen Organisationsprinzipien des
  inneren Lexikons genutzt.

Und hat die Berufsausbildung abgebrochen für die Schlager-
  karriere
Werbeslogan/Werbejargon
Der Schauspieler auf der Bühne
Die Daten von Zsa Zsa Gabor wurden aufgenommen.
–
Eine Sprecherin im Radio
Wir haben den Entchentanz drauf.
Wir haben uns weggeschmissen vor Lachen./Wir haben uns
  totgelacht.

* VERSPRECHER: *Ich brauche Vaseline für die Fernbedienung* für
  Ich brauche Batterien für die Fernbedienung
TYP: Substitution (Formähnlichkeit)
EINHEIT: Wort
KORREKTUR: nein
LEXIKALISCHE KONTROLLE: nein
SITUATION: ja (Sprecher cremt sich gerade die Hände ein; aber
  auch hier wirkt der Formfilter)
SPRACHPLANUNGSSTADIUM: positionale Ebene

Kabelfernsehen/Satellitenfernsehen
Sie skizzierten die ungeplante Reise eines Journalisten.

Der erste ständige Korrespondent
Die Panne am Anfang bitten wir zu entschuldigen.

* VERSPRECHER: *Sie hören nun Melodien aus der Operette Paul*
  Luna von Frau Lincke   für   *Sie hören nun Melodien aus der*
  Operette Frau Luna von Paul Lincke
  TYP: Vertauschung
  EINHEIT: Wort
  KORREKTUR: nein
  LEXIKALISCHE KONTROLLE: nein
  SITUATION: nein
  SPRACHPLANUNGSSTADIUM: prädikative Ebene

Duell/Duett
–

Das war dann das Tröpfel auf dem i
oder
Aus Kultur und Wissenschaft

Roy Lichtenstein
Stanislaw Lem verehre ich glühend.
Dann habe ich noch mit Hans über Kant gesprochen.
Lessings Nathan
Kabbale und Liebe?
Othello begann, an der Treue seiner unschuldigen Gattin zu
  zweifeln.
Wie in einem römischen Amphitheater.
Gerade für die Filmwissenschaft gilt...

*VERSPRECHER: *Das gibt es gebunden und als Taschentuch*   für
  Das gibt es gebunden und als Taschenbuch
  TYP: Postposition
  EINHEIT: Laut

KORREKTUR: nein
LEXIKALISCHE KONTROLLE: nein
SITUATION: nein
SPRACHPLANUNGSSTADIUM: positionale Ebene

Ich mach' mir einen Knoten ins Taschentuch.
Das Vier-Seiten-Buch, das wird noch teurer.
Ein Wort ist vier Buchstaben lang.
Hamlet wurde geschrieben, nachdem Shakespeares Vater gestorben war.

–

Was die Beziehung zu Malina betrifft, ist die betrübliche Beziehung zum Ich.
Was weiter in diesem Roman offenbleibt./Was wiederum in diesem Roman offenbleibt.

–

Das kleinste Gemeinsame
Ich würde das nicht nochmal verdeutlichen./Ich würde das nicht noch mal verdoppeln.
Der springende Punkt/der Grund
In einem Anfall geistiger Abwesenheit
Braun hat die Röhre erfunden (die Braunsche Röhre).
Der Hunnenkönig Attila
Eine Tastatur, die ihresgleichen sucht./... die einmalig ist.
Noch nicht mal mit Salpetersäure/Noch nicht mal mit Salzsäure.
Fischer Wissenschaft
Die Diskussion war nicht entsetzlich erhellend.
Der wohnt in Berlin und studiert Medizin.

–

In Anbetracht des ausgefallenen Standpunkts, den du vorschlägst./In Anbetracht des ausgefallenen Standpunkts, den du vertrittst.
Ich kann nichts Negatives sagen./Ich kann nichts Nachteiliges sagen.

173

Wie im oberen Muster/Wie im oberen Beispiel
Beispielsweise/einmal
Beispiele aus den Fingern saugen/Beispiele an den Haaren her-
  beiziehen
Probleme für Menschen wie du und ich
–

–

Man sollte den Hörsaal nicht durch Gelächter entweihen.
–

* VERSPRECHER: *Da wird er keinen WC, äh, NC durchsetzen*
TYP: Postposition
EINHEIT: Laut
KORREKTUR: ja
LEXIKALISCHE KONTROLLE: nein
SITUATION: nein
SPRACHPLANUNGSSTADIUM: positionale Ebene

Dafür ist aber das Latinum da./Dafür ist aber das Graecum da.
Eine hohe Durchfallerquote. (Durchknaller)
Hier baut die Universität den Bauabschnitt Geisteswissen-
  schaften.
In Forschung und Lehre
Besserwisser
Altphilologe/Humanist
Forschungsschwerpunkt Frieden
Gerade du als Wissenschaftler
Hochschullehrer/Lehrstuhlinhaber
Der nimmt kein Blatt vor den Mund. (Brett vor'm Kopf)
–

–

Jetzt hab' ich schon drei Fallbeispiele.
–

Theorien werden nicht einfach vom Tisch gefegt./Theorien
  werden nicht einfach abgebügelt.

Inhalt

Vorwort
7

Gesammelte Versprecher
oder
Das war mal wieder ein schöner Verbrecher
11

Kleine Theorie des Versprechers
und
Alles, was noch fehlt, sind Literaturhingaben
75

Was uns der Sprecher sagen wollte,
und wie er vorgegangen ist
oder
Daß man weint, äh, weiß, was gemeint ist
139